드라마로 배우는

일본어

드라마로 배우는 일본어

5판 1쇄 2024년 4월 5일
지은이 김양선
펴낸이 최외출
펴낸곳 영남대학교출판부
출판등록 1975년 9월 5일 경산 제16-1호
주소 경북 경산시 대학로 280
전화 053-810-1802~3
팩스 053-810-4722
홈페이지 book.yu.ac.kr

ISBN 978-89-7581-868-4 13730

드라마로 배우는 일본어

ドラマで学ぶ日本語

김양선 지음

영남대학교출판부

머리말

일본어는 한국어와 매우 유사하여 처음 배우는 학습자에게는 다른 외국어보다 비교적 쉽게 느껴지는 장점이 있습니다. 예를 들면 단어에 조사를 붙여서 문장을 만드는 교착어라는 특성, 주어-목적어-서술어의 어순을 갖고 있는 문법적인 특성, 한자(중국어) 어휘로 인한 유사발음이 많은 어휘적 특징 등 다른 어느 외국어보다 조금은 배우기 쉬운 언어로 여겨지곤 합니다.

특히 영어를 정복하고자 아낌없이 돈과 시간을 투자하였음에도 불고하고, 결국은 그 정상까지 올라가지 못하고 도중에 포기할 수밖에 없었던 쓰라린 경험이 있는 분들에게 일본어는 왠지 정복할 수 있을 것 같은 희망을 주는 언어일 것입니다.

그러나 외국어는 외국어입니다. 일본어는 우선 3개의 문자, 즉 히라가나,카타카나,한자라는 3가지 모양의 문자를 익혀야만 합니다. 특히, 일본어의 한자는 한 글자에 발음이 오직 하나인 한국어와는 달리 한 글자의 한자에 여러 가지 발음이 있습니다. 게다가 주로 외래어표기에 사용되는 카타카나는 외래어의 범람으로 자주 등장 하지만, 일본어 자체의 모음 부족과 1개 밖에 없는 받침 때문에 외래어의 발음이 제대로 표기되지 못하여 대부분 무슨 뜻인지 전혀 감을 잡을 수 없는 경우가 대부분입니다.

이와 같은 일본어의 특성을 고려하여 <드라마로 배우는 일본어> 강의는 일본어가 어렵게 느껴지는 단점보다는 쉽게 느껴지는 장점에 초점을 맞추고자 하였습니다. 기왕이면 장점을 부각시켜 학습하는 것, 긍정적인 사고를 갖는 것이 보다 효과적인 결과를 낼 수 있을 것이기 때문입니다. 글자를 익히는 것부터 시작하는 기존의 일본어 학습방법에서 탈피코자 합니다. 드라마라는 영상물을 활용함으로써 듣고 보면서 감각적으로 익히는 방법들 택하였습니다. 무리하게 처음부터 3가지 글자 모두를 갑자기 익히기 위하여 많은 시간을 투자하여 애쓰기보다는 들리는 대로 암기하여 마치 어린 아이가 말을 배우듯이 따라하는 모방법을 채택하였습니다.

<드라마로 배우는 일본어> 강의는 크게 다음의 3가지 모토를 갖고 있습니다.

(1) 일본어를 즐기자!

(2) 일본어에 푹 빠지자!

(3) 일본어를 무조건 따라하자!

따라서 <드라마로 배우는 일본어> 강의 교재 역시 강의의 모토를 그대로 반영하였으며, 그 내용 또한 강의 순으로 배열하였습니다. 강의와 동일하게 15주차로 구성하였고, 총 복습을 하는 8주차와 15주차를 제외한 모든 주차는 다음과 같은 3가지 항목으로 세분화시켰습니다. 8주차와 15주차는 각 주차의 문형을 한국어 번역과 함께 확인하면서 복습할 수 있도록 하였고, 특별히 보충설명을 요하는 부분은 각주 처리하여 부가 설명을 추가하였습니다.

(1) 학습목표
(2) 드라마와 관련된 어휘,문형,일본문화
(3) 퀴즈

지나치게 글자,문법 등을 알아야 한다는 강박관념에서 벗어나 <드라마로 배우는 일본어>강의를 들으면서 이 교재를 적극 활용하여 본인만의 일본어 참고서를 완성시켜 보시기 바랍니다. 더 나아가 일본어에 대한 관심과 열의가 계속 되어 언젠가는 일본어의 고지에 당당히 설수 있게 되기를 기원합니다.

마지막으로 어려운 환경에서도 출판을 허락해 주신 영남대학교 언론출판문화원 김정화 원장님을 비롯하여 여러 면에서 아낌없이 도와주신 신승환 실장님께 감사드립니다.

2024년 4월
김양선

차례

참고

한일대조표(ひらがな히라가나)

가나	한글	
	어두	어중·어말
あ い う え お	아 이 우 에 오	아 이 우 에 오
か き く け こ	가 기 구 게 고	카 키 쿠 케 코
さ し す せ そ	사 시 스 세 소	사 시 스 세 소
た ち つ て と	다 지 쓰 데 도	타 치 쓰 테 토
な に ぬ ね の	나 니 누 네 노	나 니 누 네 노
は ひ ふ へ ほ	하 히 후 헤 호	하 히 후 헤 호
ま み む め も	마 미 무 메 모	마 미 무 메 모
や ゆ よ	야 이 유 에 요	야 이 유 에 요
ら り る れ ろ	라 리 루 레 로	라 리 루 레 로
わ ( ) う ( ) を	와 (이) 우 (에) 오	와 (이) 우 (에) 오
ん		ㄴ
が ぎ ぐ げ ご	가 기 구 게 고	가 기 구 게 고
ざ じ ず ぜ ぞ	자 지 즈 제 조	자 지 즈 제 조
だ ぢ づ で ど	다 지 즈 데 도	다 지 즈 데 도
ば び ぶ べ ぼ	바 비 부 베 보	바 비 부 베 보
ぱ ぴ ぷ ぺ ぽ	파 피 푸 페 포	파 피 푸 페 포
きゃ きゅ きょ	갸 규 교	캬 큐 쿄
ざゃ ざゅ ざょ	갸 규 교	갸 규 교
しゃ しゅ しょ	샤 슈 쇼	샤 슈 쇼
じゃ じゅ じょ	자 주 조	자 주 조
ちゃ ちゅ ちょ	자 주 조	차 추 초
ひゃ ひゅ ひょ	햐 휴 효	햐 휴 효
びゃ びゅ びょ	뱌 뷰 뵤	뱌 뷰 뵤
ぴゃ ぴゅ ぴょ	퍄 퓨 표	퍄 퓨 표
みゃ みゅ みょ	먀 뮤 묘	먀 뮤 묘
りゃ りゅ りょ	랴 류 료	랴 류 료

한일대조표(カタカナ카타카나)

가나					한글									
					어두					어중·어말				
ア	イ	ウ	エ	オ	아	이	우	에	오	아	이	우	에	오
カ	キ	ク	ケ	コ	가	기	구	게	고	카	키	쿠	케	코
サ	シ	ス	セ	ソ	사	시	스	세	소	사	시	스	세	소
タ	チ	ツ	テ	ト	다	지	쓰	데	도	타	치	쓰	테	토
ナ	ニ	ヌ	ネ	ノ	나	니	누	네	노	나	니	누	네	노
ハ	ヒ	フ	ヘ	ホ	하	히	후	헤	호	하	히	후	헤	호
マ	ミ	ム	メ	モ	마	미	무	메	모	마	미	무	메	모
ヤ		ユ		ヨ	야	이	유	에	요	야	이	유	에	요
ラ	リ	ル	レ	ロ	라	리	루	레	로	라	리	루	레	로
ワ	( )	ウ	( )	ヲ	와	(이)	우	(에)	오	와	(이)	우	(에)	오
ン										ㄴ				
ガ	ギ	グ	ゲ	ゴ	가	기	구	게	고	가	기	구	게	고
ザ	ジ	ズ	ゼ	ゾ	자	지	즈	제	조	자	지	즈	제	조
ダ	ヂ	ヅ	デ	ド	다	지	즈	데	도	다	지	즈	데	도
バ	ビ	ブ	ベ	ボ	바	비	부	베	보	바	비	부	베	보
パ	ピ	プ	ペ	ポ	파	피	푸	페	포	파	피	푸	페	포
キャ	キュ	キョ			갸	규	교			캬	큐	쿄		
ギャ	ギュ	ギョ			갸	규	교			갸	규	교		
シャ	シュ	ショ			샤	슈	쇼			샤	슈	쇼		
ジャ	ジュ	ジョ			자	주	조			자	주	조		
チャ	チュ	チョ			자	주	조			차	추	초		
ヂャ	ヂュ	ヂョ			햐	휴	효			햐	휴	효		
ヒャ	ヒュ	ヒョ			뱌	뷰	뵤			뱌	뷰	뵤		
ビャ	ビュ	ビョ			퍄	퓨	표			퍄	퓨	표		
ミャ	ミュ	ミョ			먀	뮤	묘			먀	뮤	묘		
リャ	リュ	リョ			랴	류	료			랴	류	료		

일러두기

1. 이 책은 인터넷강의 <드라마로 배우는 일본어>의 교재입니다. 따라서 강의내용 및 순서에 맞추어 구성하였으므로 예습과 복습에 충분히 활용해 주시기 바랍니다.
2. 일본문자(가나)를 모르는 분들을 위해 히라가나(일반표현에 사용)와 카타카카(외래어 및 강조표현에 사용)의 한일대조표를 준비하였고 한국어발음을 표기해 두었습니다.
3. 일본어의 한글표기는 한일대조표에 의거하지만, 이 책에서는 발음을 중시하여 다음과 같은 경우는 예외로 하고자 합니다.
   ① 청음과 탁음을 명확한 구별하는 연습을 하기 위하여 어두와 어중·어말을 구분하지 않겠습니다.
   예) かな (카나), しずか(시주카).
   ② 장음은 자연스러운 발음을 익히기 위하여 '-'로 표기하겠습니다.
   예) おおさか(오-사카), とうきょう(토-쿄-)
   ③ 'つ(ツ)'는 '쓰'가 아니차 'ㅊ'로 표기하겠습니다.
   예) ふたつ(후타ㅊ), いくつ(이쿠ㅊ)
   ④ 촉음(작은 'っ')는 'ㅅ'으로 통일해서 표기하겠습니다.
   예) やっぱし(얏팔ㄹ), 学校(がっこう 갓코-)
   ⑤ 일본어는 일반적으로 띄어쓰기를 하지 않습니다만, 한국어는 의미상 띄어쓰기를 하겠습니다.
   예) 薔薇(ばら)の花(はな) 바라노 하나, 紅茶(こうちゃ)ください 코-챠 쿠다사이.
4. 외래어는 카타카나로 표기하고 그 옆에 원어표기를 덧붙였습니다. 일본어가 모음은 5개뿐이며 받침으로 사용될 수 있는 것도 오직 'ん(ㄴ)'뿐이어서 외래어의 발음표기가 상당히 제한적입니다. 특히 발음에 주의하시기 바랍니다.
5. 인터넷강의 특성인 반복적인 학습효과 기대를 위하여 수업에서 언급한 내용 및 설명은 자제하였습니다. 수업에 집중하여 자신만의 학습노트를 만드는 재미를 느껴보시기 바랍니다.

제1주차 99.9 刑事専門弁護士 新たな出会い 1

99.9 형사 전문 변호사, 새로운 만남

1-1 학습목표

1) 일본어 발음

- 청음: は　예)はな(花 하나)
- 탁음: ば　예)かばん(카방),

  ひら＋かな＝ひらがな(히라가나), かた＋かな＝かたかな(카타카나)

  おお(大)＋しま(島)＝おおしま(大島오-시마), こ(小)＋しま(島)=こじま(小島코지마)
- 반탁음：ぱ　예)ぱちんこ(빠칀코)
- 요음(拗音)：ょ　예)ばしょ(場所 바쇼)
- 촉음(促音)：っ　예)じっか(実家 짓카)
- 발음(撥音): ん [m][n][ɲ][ŋ][N]　예)せんもん(専門 셈몽)
- 장음: '-' 표기

  ① 기본: 동일한 모음이 겹치는 [a]+[a], [i]+[i], [u]+[u, [e]+[e], [o]+[o]의 5가지

  예) おかあさん(お母さん　okaasan 오카-상)

  おにいさん(お兄さん　oniisan 오니-상)

  すうがく（数学　suugaku 수-가쿠）

  おねえさん(お姉さん　oneesan 오네-상)

  おおしま(大島　ooshima 오-시마)

  ② 특수: [e]+[i], [o]+[u]의 2가지

  예) けいじ(刑事 keiji 케-지), せんせい(先生 sensei 센세-)

  ほうりつ(法律 houritsu 호-리츠)

五十音											
	わ行	ら行	や行	ま行	は行	な行	た行	さ行	か行	あ行	
(ん、ン) /n/ [N][n] [m][ŋ] [ɲ] ほか鼻母音など	わ、ワ /wa/ [β̞ä]	ら、ラ /ra/ [ɺä]	や、ヤ /ya/ [jä]	ま、マ /ma/ [mä]	は、ハ /ha/ [hä]	な、ナ /na/ [nä]	た、タ /ta/ [tä]	さ、サ /sa/ [sä]	か、カ /ka/ [kä]	あ、ア /a/ [ä]	あ段
	ゐ、ヰ /wi/ [i]	り、リ /ri/ [ɺʲi]	(𛀆)、(𛄠) /yi/ [i]	み、ミ /mi/ [mʲi]	ひ、ヒ /hi/ [çi]	に、ニ /ni/ [nʲi]	ち、チ /ci/ [t͡ɕi]	し、シ /si/ [ɕi]	き、キ /ki/ [kʲi]	い、イ /i/ [i]	い段
	(𛄟)、(𛄢) /wu/ [ɯ̹]	る、ル /ru/ [ɺɯ̹]	ゆ、ユ /yu/ [jɯ̹]	む、ム /mu/ [mɯ̹]	ふ、フ /hu/ [ɸɯ̹]	ぬ、ヌ /nu/ [nɯ̹]	つ、ツ /cu/ [t͡sɯ̹̈]	す、ス /su/ [sɯ̹̈]	く、ク /ku/ [kɯ̹]	う、ウ /u/ [ɯ̹]	う段
	ゑ、ヱ /we/ [e̞]	れ、レ /re/ [ɺe̞]	(𛀁)、(𛄡) /ye/ [e̞]	め、メ /me/ [me̞]	へ、ヘ /he/ [he̞]	ね、ネ /ne/ [ne̞]	て、テ /te/ [te̞]	せ、セ /se/ [se̞]	け、ケ /ke/ [ke̞]	え、エ /e/ [e̞]	え段
	を、ヲ /wo/ [o̞] 昔は[β̞o̞]	ろ、ロ /ro/ [ɺo̞]	よ、ヨ /yo/ [jo̞]	も、モ /mo/ [mo̞]	ほ、ホ /ho/ [ho̞]	の、ノ /no/ [no̞]	と、ト /to/ [to̞]	そ、ソ /so/ [so̞]	こ、コ /ko/ [ko̞]	お、オ /o/ [o̞]	お段

모음

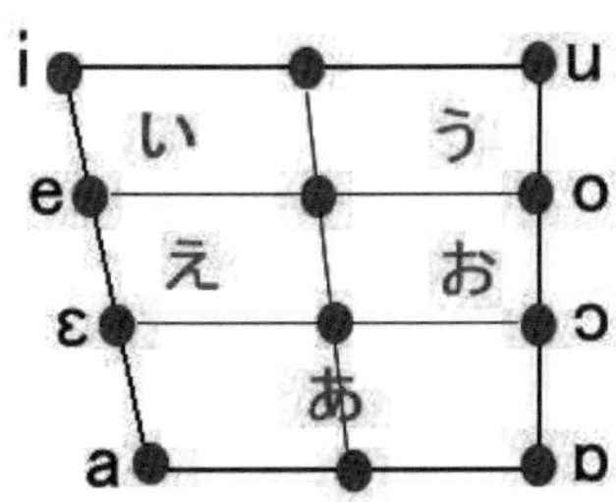

2) 일본 글자(3개) 및 한일글자 대조표

- 한자
- ひらがな(히라가나)

히라 가나		한글	히라 가나		한글	히라 가나		한글	히라 가 나		한글	히라 가나		한글
あ	a	아	い	i	이	う	u	우	え	e	에	お	o	오
か	ka	카	き	ki	키	く	ku	쿠	け	ke	케	こ	ko	코
さ	sa	사	し	shi	시	す	su	스	せ	se	세	そ	so	소
た	ta	타	ち	chi	찌	つ	tsu	쯔	て	te	테	と	to	토
な	na	나	に	ni	니	ぬ	nu	누	ね	ne	네	の	no	노
は	ha	하	ひ	hi	히	ふ	fu	후	へ	he	헤	ほ	ho	호
ま	ma	마	み	mi	미	む	mu	무	め	me	메	も	mo	모
や	ya	야				ゆ	yu	유				よ	yo	요
ら	ra	라	り	ri	리	る	ru	루	れ	re	레	ろ	ro	로
わ	wa	와												
が	ga	가	ぎ	gi	기	ぐ	gu	구	げ	ge	게	ご	go	고
ざ	za	자	じ	ji	지	ず	zu	즈	ぜ	ze	제	ぞ	zo	조
だ	da	다	ぢ	ji	지	づ	zu	즈	で	de	데	ど	do	도
ば	ba	바	び	bi	비	ぶ	bu	부	べ	be	베	ぼ	bo	보
ぱ	pa	파	ぴ	pi	피	ぷ	pu	푸	ぺ	pe	페	ぽ	po	포
きゃ	kya	캬				きゅ	kyu	큐				きょ	kyo	쿄
しゃ	sha	샤				しゅ	shu	슈				しょ	sho	쇼
ちゃ	cha	챠				ちゅ	chu	츄				ちょ	cho	쵸
にゃ	nya	냐				にゅ	nyu	뉴				にょ	nyo	뇨
ひゃ	hya	햐				ひゅ	hyu	휴				ひょ	hyo	효
みゃ	mya	먀				みゅ	myu	뮤				みょ	myo	묘
りゃ	rya	랴				りゅ	ryu	류				りょ	ryo	료
ぎゃ	gya	갸				ぎゅ	gyu	규				ぎょ	gyo	교
じゃ	ja	쟈				じゅ	ju	쥬				じょ	jo	죠
びゃ	bya	뱌				びゅ	byu	뷰				びょ	byo	뵤
ぴゃ	pya	퍄				ぴゅ	pyu	퓨				ぴょ	pyo	표

-かたかな(카타카나)

카타카나					한글									
					어두					어중·어말				
ア	イ	ウ	エ	オ	아	이	우	에	오	아	이	우	에	오
カ	キ	ク	ケ	コ	가	기	구	게	고	카	키	쿠	케	코
サ	シ	ス	セ	ソ	사	시	스	세	소	사	시	스	세	소
タ	チ	ツ	テ	ト	다	지	쓰	데	도	타	치	쓰	테	토
ナ	ニ	ヌ	ネ	ノ	나	니	누	네	노	나	니	누	네	노
ハ	ヒ	フ	ヘ	ホ	하	히	후	헤	호	하	히	후	헤	호
マ	ミ	ム	メ	モ	마	미	무	메	모	마	미	무	메	모
ヤ	イ	ユ	エ	ヨ	야	이	유	에	요	야	이	유	에	요
ラ	リ	ル	レ	ロ	라	리	루	레	로	라	리	루	레	로
ワ	(ヰ)	ウ	(ヱ)	ヲ	와	(이)	우	(에)	오	와	(이)	우	(에)	오
		ン										ㄴ		
ガ	ギ	グ	ゲ	ゴ	가	기	구	게	고	가	기	구	게	고
ザ	ジ	ズ	ゼ	ゾ	자	지	즈	제	조	자	지	즈	제	조
ダ	ヂ	ヅ	デ	ド	다	지	즈	데	도	다	지	즈	데	도
バ	ビ	ブ	ベ	ボ	바	비	부	베	보	바	비	부	베	보
パ	ピ	プ	ペ	ポ	파	피	푸	페	포	파	피	푸	페	포
	キャ	キュ	キョ			갸	규	교			캬	큐	쿄	
	ギャ	ギュ	ギョ			갸	규	교			갸	규	교	
	シャ	シュ	ショ			샤	슈	쇼			샤	슈	쇼	
	ジャ	ジュ	ジョ			자	주	조			자	주	조	
	チャ	チュ	チョ			자	주	조			차	추	초	
	ヒャ	ヒュ	ヒョ			햐	휴	효			햐	휴	효	
	ビャ	ビュ	ビョ			뱌	뷰	뵤			뱌	뷰	뵤	
	ピャ	ピュ	ピョ			퍄	퓨	표			퍄	퓨	표	
	ミャ	ミュ	ミョ			먀	뮤	묘			먀	뮤	묘	
	リャ	リュ	リョ			랴	류	료			랴	류	료	

3) 호칭 및 지칭

- 성/이름+ さん(상)/ さま(様 사마)/ どの(殿 도노)

  みやまひろとさん(深山大翔さん 미야마 히로토상)

- 직업 + さん(상)

  べんごしさん (弁護士さん 벤고시상)

- 관직/직함만

  わかつきかいちょう(若月会長 와카츠키 카이쵸-)

  さだせんせい(佐田先生 사다 센세-)

- 이름만

  ひろと(히로토) ← みやまひろと(深山大翔 미야마 히로토)

- 줄인 이름+ ちゃん(쨩)
  ひろちゃん(히로쨩)

4) 인칭

- 1인칭 わたくし/わたし(私 와타쿠시/와타시), ぼく(僕 보쿠), じぶん(自分 지분)[1], おれ(俺 오레)[2]
- 2인칭 きみ(君 키미), あなた(貴方 아나타)[3], じぶん(自分 지분),
  おまえ(お前 오마에)[4], おまえら(お前ら 오마에라)
  이름+さん(상)/ 직함
- 3인칭 かれ(彼 카레), かのじょ(彼女 카노죠)

5) 단정/긍정표현

겸양	정중	반말
~でございます(데고자이마스)	**~です(데스)**	**~だ(다)**
さだでございます (佐田でございます 사다데고자이마스) せいいでございます (誠意でございます 세-이데고자이마스)	さだです (佐田です 사다데스) せいいです (誠意です 세-이데스)	さだだ (佐田だ 사다다) せいいだ (誠意だ 세-이다)

6) 의문표현 か

정중	반말
~ですか(데스카)	**~か(카)**
さださんですか(佐田さんですか사다상데스카) せいいですか(誠意ですか 세-이데스카)	さだか(佐田か 사다카) せいいか(誠意か 세-이카)

1 1인칭에도 2인칭에도 사용할 수 있다.

2 주로 남자가 사용한다. 俺(클 엄, 나 암)

3 'あなた(아나타)'는 2인칭에 해당되지만, 친한 사이가 아니면 일반적으로는 별로 사용되지 않고 특수한 경우(부부관계, 언쟁 시 등)에 주로 사용된다. 2인칭을 나타낼 때에는 주로 3인칭과 유사하게 '이름+さん(상)/さま(사마)'나 '이름+직책명(예: やまだかちょう(山田課長 야마다 카쵸)' 등이 사용된다.

4 일본어에서는 'お(오)'를 붙여서 상대에게 존대를 표현하거나 우아한 뉘앙스를 나타내는데, 이 경우는 그런 의미가 이미 퇴색되어버려 상당히 무례한 뉘앙스를 나타내며, 주로 남자가 사용한다.

7) 미화어 お(오)/ご(御 고) + 단어

- おまごさん(お孫さん 오마고상)
- おかあさん(お母さん 오카-상)
- ごしどう(御指導 고시도-)

8) 조사

- は([wa] 와)[5] : 은(는)
- が(가) : 이(가), 의=の(노)
  わがよしつねじどうしゃ(我がよしつね自動車 와가요시츠네 지도-샤)
- か(카) : 문장+か=의문, 단어+か=불확실(だ=れかが 다레카가)
- の(노) : 소유격 わたしのまごむすめ(私の孫娘 와타시노 마고무수메)
  동격 ひがいしゃのほんださん(被害者の本田さん 히가이샤노 혼다상)

9) 퀴즈

A. 다음 중 2인칭이 아닌 것은?

① おれ(오레)

② じぶん(지붕)

③ おまえ(오마에)

④ きみ(키미)

B. 다음 중 주로 남성이 사용할 수 있는 것을 모두 고르시오.

① わたし(와타시)

② ぼく(보쿠)

③ おれ(오레)

④ わたくし(와타쿠시)

---

5 'は(와)'는 옛날 일본어 문법 법칙이 아직도 그대로 남아 있는 몇 안 되는 경우로, [ha]로 쓰고 [wa]로 읽는다. 옛날 일본어의 경우 'は'는 단어 중간(어중 語中)이나 마지막(어미 語尾)에 사용되면 [h] 발음이 약화되어 [wa]로 발음하는 법칙이 있었는데, 그런 특성이 현대어에서도 조사로 사용될 경우에 한해 그대로 유지되어 온 것이다. 유사한 예로 방향을 나타내는 조사 'へ(에)'도 있다.

1-2 드라마소개

제목 99.9 형사 전문 변호사, 새로운 만남

제작회사 TBS

등장인물 深山 大翔 (みやま ひろと 미야마 히로토) : 변호사
佐田 篤弘 (さだ あつひろ 사다 아츠히로) : 새 법률사무소장
河野 穂乃果 (こうの ほのか 코-노 호노카) : 여성 변호사
明石 達也 (あかし たつや 아카시 타츠야) : 법률사무소 직원
斑目 春彦 (まだらめ はるひこ 마다라메 하루히코) : 전 법률사무소장

1-3 드라마 I

1-3-1 어휘

- けいじ(刑事 케-지)
- せんもん(専門 셈몽)
- べんごし(弁護士 벤고시)
- あらた**な**(新たな 아라타나)
- であい(出会い 데아이)
- さいご(最後 사이고)
- ずっと(즛토)
- たいせつ(大切 타이세츠)
- ふたもじ(二文字 후타모지) ← ふた(二후타) + もじ(文字모지)
- せいい(誠意 세-이)
- ぎゃく(갸쿠)
- ぜん(前 젱) vs まえ(前 마에)
- しょちょう(所長 쇼쵸)
- ぜんしょちょう(前所長 젠쇼쵸-) vs まえのしょちょう(前の所長 마에노 쇼쵸-)
- おもい(思い 오모이)
- はくしゅ(拍手 하쿠슈)
- すごい(凄い 수고이)
- こころ(心 코코로)
- ほうりつ(法律 호-리츠)
- じむしょ(事務所 지무쇼)
- あたま(頭 아타마)
- とっぷ(top 톳뿌)
- こじん(個人 코징)
- あんけん(案件 안켕)[6]

6 あんけん(案件 안켕=안건)은 한국어의 경우와 마찬가지로 중요하게 논의할 내용 즉 일반적인 의미의 '안건'을 뜻하기도 하지만, 또 다른 의미로 소송이 걸린 소송사건을 의미하기도 한다. 따라서 대화 내용상 자막의 "안건"은 '소송사건'으로 수정하는 것이 더 자연스러울 것 같다.

- ほんじつ(本日 혼지츠)
- わざわざ(와자와자)
- かいちょう(会長 카이쵸-)
- まご(孫 마고)
- むすめ(娘 무수메)
- まごむすめ(孫娘 마고무수메)
- しほう(司法 시호-)
- しゅうしゅう(修習 슈-슈-)
- かね(金 카네)
- じけん(事件 지켕)
- けいじじけん(刑事事件 케-지지켕)
- きぎょう(企業 키교-)
- むけ(向け 무케)
- きぎょうむけ(企業向け 키교-무케)
- みんじ(民事 민지)
- わが(我が 와가)
- じどうしゃ(自動車 지도-샤) vs くるま(車쿠루마)
- かんれん(関連 칸렝)
- ひしょ(秘書 히쇼)
- じゅうぶん**な**(充分/十分な 쥬-붕나)
- ごしどう(御指導 고시도-)

1-3-2 문형

- すみません(스미마셍)。
- おめでとうございます(오메데토-고자이마스)。
- よろしくおねがいもうしあげます(宜しお願いく申し上げます 요로시쿠 오네가이 모-시아게마스)。
- ありがとうございます(아리가토-고자이마스)。
- わかってる(와캇테루) ← わかる(分かる 와카루)

- しんじてください(信じてください 신지테쿠다사이)
- こまりました(困りました 코마리마시타)。← こまる(困る 코마루)
- じつは(実は 지츠와)~
- もちろん、よろこんで（勿論、喜んで 모치롱 요로콘데）
- わがよしつねじどうしゃ（我がよしつね自動車 와가 요시츠네 지도-샤）
- わかりました(와카리마시타)。← わかる(分かる 와카루)
- よかったですね(요캇타데스네)。← いい/よい(良い 이-/요이)

1-3-3 일본문화

きもの(着物키모노)：わふく(和服 와후쿠)
ゆかた(浴衣유카타), ふりそで(振袖후리소데), とめそで(留袖토메소데)
わたぼうし(綿帽子 와타보-시), つのかくし(角隠し츠노카쿠시)
내부사람: じょちょう(所長쇼쵸-), かいちょう(会長카이쵸-)
외부사람: おまごさん(お孫さん오마고상), ごしどう(御指導고시도-)
しゃちょうさん(社長さん 샤쵸-상)

1-3-4 퀴즈

1) 다음 중 わかってる(와캇테루)와 유사한 의미를 나타내는 것은?
① わかりました(와카리마시타)
② よかったですね(욧캇타데스네)
③ よろこんで(요로콘데)
④ こまりました(코마리마시타)

2) 다음 중 よろしくおねがいもうしあげます(宜しくお願い申し上げます요로시쿠 오네가이 모-시아게마스)와 유사한 의미를 나타내는 것은?

① よろしく(요로시쿠)

② もちろん(모치롱)

③ すみません(수미마셍)

④ じつは(実は 지츠와)

1-4 드라마 II

1-4-1 어휘

- もう(모-)[7]
- いちど(一度 이치도)
- かくにん(確認 카쿠닝)
- しがつ(四月 시가츠)
- なのか(七日 나노카)
- よる(夜 요루)
- はちじ(八時 하치지)
- ～ごろ(頃 고로)
- あぱーと(apart 아파-토)
- すむ(住む 수무)
- べらんだ(veranda 베란다)
- ふしん**な**(不審な 후신나)
- ものおと(物音 모노오토)
- したぎ(下着 시타기)
- おとこ(男 오토코)
- うしろ(後ろ 우시로)
- すがた(姿 수가타)
- はっけん(発見 핫켕)
- ひがいしゃ(被害者 히가이샤)
- ひゃくとおばん(110番 햐쿠토-방)
- ただちに(直ちに 타다치니)
- つうほう(通報 츠-호-)
- よんじゅっぷん(40分 욘쥿뿡)

---

7 もう(모-)에는 '또, (하나) 더'의 의미도 있지만, '이미' '벌써'라는 다소 다른 의미들도 있다.
예) もういちど(もう一度모-이치도): 한 번 더
もうたべました(もう食べました모-타베마시타): 이미 먹었습니다.
もうおりるんですか(もう降りるんですか 모-오리룬데수카): 벌써 내려가는 겁니까?

- ～ご(後 고) cf. さいご(最後 사이고)
- けいさつ(警察 케-사츠)
- ふきん(付近 후킹)
- しょうげん(証言 쇼-겡)
- そっくり(솟쿠리)
- しょくしつ(職質 쇼쿠시츠) ← しょくむしつもん(職務質問 쇼쿠무시츠몽)
- にんい(任意 닝이)
- ばっぐ(bag 밧구)
- おなじ(同じ 오나지)
- かくほ(確保 카쿠호)
- はんせい(反省 한세-)
- いろ(色 이로)
- しっこうゆうよ(執行猶予 싯코-유-요)
- ばしょ(場所 바쇼)
- ふくそう(服装 후쿠소-)
- せいかく(正確 세-카쿠)[8]
- せつめい(説明 세츠메-)
- だれ(誰 다레)
- いつ(이츠)
- どう(도-)
- やって(얏테) ← やる(야루)[9]

1-4-2 문형

- もういちど(もう一度 모-이치도)
- やってない(얏테나이)。← やる(야루)
- かくにんしましょう(確認しましょう 카쿠닌시마쇼-)。

---

8 ‘せいかく(性格 세-카쿠: 성격)’와 동음이의어이다.

9 やる(야루)는 하다(=する 수루), 운영/경영하다, 주다(=あげる 아게루) 등 다양한 의미를 가지고 있다.

- ひがいしゃのほんださん(被害者の本田さん 히가이샤노 혼다상)
- どうせつめいするんですか(どう説明するんですか 도- 세츠메-수룬데스카)。
- しりませんよ(知りませんよ 시리마셍요)。← しる(知る 시루)
- だれかが(誰かが 다레카가)
- いつ、どうやって(이츠, 도-얏테)

1-4-3 일본문화

うえの(上野 우에노), 台東区(たいとうく 타이토-쿠: 東京 23구 중 최소면적)
あぱーと(아파-토) vs まんしょん(만숑)/はいつ(하이츠)/こーぽ(코-뽀)[10]

10 cooperative house(공동 주택)의 준말

1-4-4 퀴즈

1) 다음 중 일본 경찰신고 번호는?[11]

① 119

② 112

③ 110

④ 911

2) 110番의 읽는 법은?[12]

① びゃくじゅうばん(뱌쿠쥬-방)

② ぴゃくじゅうばん(뺘쿠쥬-방)

③ ひゃくとおばん(햐쿠도-방)

④ びゃくじゅっぱん(뱌쿠쥿빵)

---

11 미국은 긴급신고번호 911로 단일화되어 있지만, 한국은 119는 재난신고 번호, 112는 범죄신고 번호로 구분되어 있다.

12 일본어로 '백(百 100)' 읽는 법(3가지) : ひゃく （하쿠: 二百にひゃく 니햐쿠）, びやく(뱌쿠: 三百さんびゃく 삼뱌쿠), ぴやく(빠쿠: 六百ろっぴゃく 롯빠쿠)

제2주차 99.9 刑事専門弁護士 新たな出会い 2

99.9 형사 전문 변호사, 새로운 만남

2-1 학습목표

1) 식사 시 표현

おまたせいたしました(お待たせ致しました 오마타세 이타시마시타)。

ごゆっくり(고윳쿠리)。

いただきます(이타다키마스)。

2) い(이)형용사

あたらしい(新しい 아타라시-)

たのしい(楽しい 타노시-)

やさしい(優しい 야사시-)[13]

かなしい(悲しい 카나시-)

うまい(旨い 우마이)

ない(無い 나이)

ながい(長い 나가이)

すごいい(수고이)

3) な(나)형용사[14]

あらたな(新たな 아라타나)

じゅうぶんな(充分な 쥬-분나)

ふしんな(不審な 후신나)

13 'やさしい(야사시-)': '상냥하다, 친절하다'를 뜻하는 '優しい'이외에 '쉽다'를 뜻하는 '易しい'도 있다.

14 기본형(사전형)은 '~だ(다: 이다)'인데, 형용사적인 역할을 할 경우만 '~な(나)'로 변화되기 때문에 편의상 'な(나)형용사'로 명명한 것이다.

しんせんな(新鮮な 신센나)

4) 동사(반말. 사전형) ~[u]

こまる(困る 코마루)

わかる(分かる 와카루)

おもう(思う 오모우)

しる(知る 시루)

ある(有る/在る 아루)

きく(聞く 키쿠)

5) 동사(정중: 긍정/부정 현재/과거)

	정중	반말/사전형~[u]
현재 **~ます**(마스)/ **ません**(마셍)	します(します 시마스) しません(시마셍) かいにんします(解任します 카이닌시마스) かいにんしません(解任しません카이닌시마셍)	する(수루) かいにんする(解任する 카이닌수루)
	おもいます(思います 오모이마스) おもいません(思いません 오모이마셍)	おもう(思う 오모우)
과거 **~ました**(마시타)/ **ませんでした** (마센데시타)	しました(시마시타) しませんでした(시마센데시타)	する(수루)
	しりました(知りました 시리마시타) しりませんでした(知りませんでした 시리마센데시타)	しる(知る 시루)
	きさました(聞さました 키키마시타) ききませんでした(聞きませんでした 키키마센데시타)	きく(聞く 키쿠)
	こまりました(困りました 코마리마시타) こまりませんでした(困りませんでした 코마리마센데시타)	こまる(困る코마루)

6) 동사 정중표현 ます(마스) ません(마셍) ました(마시타) ませんでした(마센데시타)

- ~[u]형 동사	**~[i]ます(마스)**
おもう(思う 오모우)	おもいます(思います 오모이마스)
こまる(困る 코마루)	こまります(困ります 코마리마스)
いただく(頂く 이타다쿠)	いただきます(頂きます 이타다키마스)
きく(聞く 키쿠)	ききます(聞きます 키키마스)
- ~[i/e]る형 동사	**~[i/e] る + ます(마스)**
たべる(食べる 타베루)	たべます(食べます 타베마스)

- する　　　　　　　　　　　**します　しません　しました　しませんでした**

かいにんする(解任する카이닌수루)　かいにんします(解任します카이닌 시마스)

かいにんしません(解任しません카이닌 시마셍)

かいにんしました(解任しました카이닌 시마시타)

かいにんしませんでした

(解任しませんでした카이닌 시마센데시타)

7) 지시어

	こ(이)	そ(그)	あ(저)	ど(어느)
	この(코노)	その(소노)	あの(아노)	どの(도노)
사물	これ(코레)	それ(소레)	あれ(아레)	どれ(도레)
방향	こちら(코치라) こっち(콧치)	そちら(소치라) そっち(솟치)	あちら(아치라) あっち(앗치)	どちら(도치라) どっち(돗치)
사람(경시)	こいつ(코이츠)	そいつ(소이츠)	あいつ(아이츠)	どいつ(도이츠)
(な)형용사	こんな(콘나)	そんな(손나)	あんな(안나)	どんな(돈나)
장소	ここ(코코)	そこ(소코)	**あそこ(아소코)**	どこ(도코)
부사	こう(코-)	そう(소-)	**ああ(아-)**	どう(도-)

8) 조사

- から(카라) : 출발 단어+から　おいたちから(生い立ちから 오이타치카라)

　이유 문장+から　げんばだから(現場だ+から 겐바다카라)

- まで(마데) : 도착 AからBまで(A카라 B마데)

　최하위/최악　こんなものまで(こんな物まで 코노모노마데)

- を(오)　　: きみのかつやくを(君の活躍を 키미노 카츠야쿠오)

- と(토)　　: 나열 단어+と+단어　AとBとC

　인용 문장+と + おもう(～と思う ～토 오모우)

　じけん<u>と</u>かんけいない<u>と</u>おもいます

　(事件と関係ないと思います 지켄토 칸케나이토 오모이마스)。

- より(요리) : 출발

　しんしょちょう<u>より</u>ぜんしょちょうへはなたばのぞうていです

　(新所長より前所長へ花束の贈呈です 신쇼쵸요리 젠쇼쵸에 하나타바노 죠테-데스)。

　비교 わたし<u>より</u>ながい(私より長い 와타시요리 나가이)

- へ([e]에)　: 방향 しんしょちょうよりぜんしょちょう<u>へ</u>

(新所長より前所長へ 신쇼쵸-요리 젠쇼츄-에)

9) 종조사

- わ(와) : 칸사이(関西)지역 남성사용 가능

かえる<u>わ</u>(帰るわ 카에루와)

- な/なあ(나/나-) : 혼잣말

わたしよりながい<u>な</u>(私より長いな 와타시요리 나가이나)。

10) 퀴즈

A. 다음 중 あらたな(新たな 아라타나)와 유사한 의미를 나타내는 것은?

① ながい(나가이)

② いい(이-)

③ わるい(와루이)

④ あたらしい(아타라시-)

B. 다음 중 '이것'에 해당되는 일본어는?

① これ(코레)

② この(코노)

③ ここ(코코)

④ こちら(코치라)

2-2 드라마소개

제목 99.9 형사 전문 변호사, 새로운 만남

제작회사 TBS

등장인물 深山 大翔 (みやま ひろと 미야마 히로토): 변호사
佐田 篤弘 (さだ あつひろ 사다 아츠히로): 새 법률사무소장
河野 穂乃果 (こうの ほのか 코-노 호노카): 여성 변호사
明石 達也 (あかし たつや 아카시 타츠야): 법률사무소 직원
斑目 春彦 (まだらめ はるひこ 마다라메 하루히코): 전 법률사무소장

2-3 드라마 I

2-3-1 어휘

- どうも (도-모)매우(ad)[15], 인사말(첫대면, 감사 등)
- どなた(도나타) vs だれ(誰 다레)
- べんごし(弁護士 벤고시)
- たんとう(担当 탄토-)
- かって(勝手 캇테)
- かいにん(解任 카이닝) cf. にんい(任意 닝이), にんむ(任務 닝무)
- てつづき(手続き 테츠즈키)
- じゃま(邪魔 쟈마)
- そこ(소코)
- じゃ(쟈) ← では(데와)
- おいたち(生い立ち 오이타치)
- まだ(마다)
- どちら(도치라)
- ごしゅっしん(ご出身 고슛신)
- かつやく(活躍 카츠야쿠)
- どうか(도-카)
- みなさん(皆さん 미나상)
- ほうりつ(法律 호-리츠)
- じむしょ(事務所 지무쇼)
- ちから(力 치카라)
- いったい(잇타이)
- はじめて(初めて 하지메테)

---

15 'どうも(도-모)'가 부사 매우'로 사용된 예는 다음과 같으며 그 이외에도 다양한 의미로 사용된다.
'매우'의 예) どうもありがとうございます(도-모 아리가토-고자이마스)。
どうもしつれいしました(どうも失礼しました 도-모 시츠레-시마시타)。
기타 예) 의문: どうもかしい(도-모 오카시- = 아무래도 이상해)。
추측: どうも無事らしい(도-모 부지라시- = 아마도 무사한 것 같아)。
불만(+부정): どうもうまくいかない(도-모 우마쿠이카나이 = 도무지/정말 잘 안돼)。

- あんけん(案件 안켕)
- こまる(困る 코마루)
- まちがい(間違い 마치가이)
- ない(無い 나이)
- ぜんぶ(全部 젬부)
- しょうこ(証拠 쇼-코)
- もちろん(勿論 모치롱)
- じけん(事件 지켕)
- とうじつ(当日 토-지츠)
- えいぞう(映像 에-죠-)
- じどう(自動 지도-)
- ばっくあっぷ(backup 밧쿠앗푸)
- けんせつ(建設 켄세츠)
- よていち(予定地 요테-치)
- かんけいない(関係ない 칸케-나이)
- はなし(話 하나시)
- べんごにん(弁護人 벤고닝)
- てもち(手持ち 테모치)
- ある(有る/在る 아루)
- しんしょちょう(新所長 신쇼쵸-)
- より(요리)
- ぜんしょちょう(前所長 젠쇼쵸-)
- へ[e](에)
- ながい(長い 나가이)
- はなたば(花束 하나타바)
- ぞうてい(贈呈 죠-테-)
- かえる(帰る 카에루)
- たいみんぐ(timing 타이밍그)

2-3-2 문형

- どなたですか(도나타데수카)。
- べんごしのみやまです(弁護士の深山です 벤고시노 미야마데스) 。
- よろしくおねがいします(よろしくお願いします 요로시쿠 오네가이시마스)。
- かいにんって(解任って 카이닝ㅅ테)。
- では(데와)、こじまさん(小島さん 코지마상)。
- じゃ(쟈)、おおしまさん(大島さん 오-시마상)。
- まずは(先ずは 마즈와)~
- しつれいします(失礼します시츠레-시마스) vs しつれいしました(失礼しました시츠레-시마시타)
- たのしみにしていますよ(楽しみにしていますよ 타노시미니 시테이마스요) 。
- ききました(聞きました 키키마시타)。
- かんけいないとおもいます(関係ないと思います 칸케-나이토 오모이마스)。
- まってください(待ってください 맛테 쿠다사이)。
- なんですか(何ですか 난데스카)。
- きみ、てもちある(君、手持ちある 키미, 테모치 아루)?
- しんしょちょうよりぜんしょちょうへはなたばのぞうていです(新所長より前所長へ花束の贈呈です 신쇼쵸요리 젠쇼쵸에 하나타바노 죠테-데스)。
- わたしよりながいな(私より長いな 와타시요리 나가이나)。
- かえる<u>わ</u>(帰るわ 카에루와): 동료 남성 변호사 대사
- **おつかれさま**<u>でございました</u>(お疲れ様でございました 오츠카레사마데 고자이마시타)。

2-3-3 일본문화

どうも(도-모) vs どうぞ(도-조)

본인 소개

직책 + の + 이름 vs 이름 + 직책

べんごしのみやま(弁護士の深山 벤고시노미야마) みやまべんごし(深山弁護士 미야마벤고시)

미화어 사용

おしゃれ(お洒落 오샤레) vs だじゃれ(駄洒落 다쟈레)＝おやじぎゃぐ(親爺gag 오야지갸그)

おおしま(大島 오-시마) / こじま(小島 코지마) ごしゅっしん (ご出身 고슛싱)

けせんぬま(気仙沼 케센누마)：みやざきけん(宮崎県 미야자키켕)

언어사용으로 파악되는 인간관계

- まだらめ(斑目마다라메) 전소장과 さだ(佐田사다) 신소장 관계:

M: きみのかつやくをたのしみにしていますよ

(君の活躍を楽しみにしていますよ 키미노 카츠야쿠오 타노시미니 시테이마스요)。

S：おつかれさまでございました

(お疲れ様でございました 오츠카레사마데 고자이마시타)

- 사회자의 호칭으로 파악되는 2명의 위치: 前所長、新所長

まだらめさま(斑目様 마다라메사마)

문장+ **とおもう**(と思う 토오모우) 사용

かんけいないとおもいます(関係ないと思います) vs かんけいないです(関係ないです)

칸케-나이토 오모이마스 칸케-나이데스

2-3-4 퀴즈

1) 다음 중 どなた(도나타)와 유사한 단어는?

① かれ(카레)

② だれ(다레)

③ かのじょ(카노죠)

④ どこ(도코)

2) 다음 중 お疲れ様でございました(오츠카레사마데 고사이마시타)를 줄인 표현을 모두 고르시오.

① お疲れ(오츠카레)

② お疲れ様(오츠카레사마)

③ おた(오타)

④ おました(오마시타)

2-4 드라마 II

2-4-1 어휘

- なんで(난데)
- けせんぬま(気仙沼 케센누마)
- げんば(現場 겐바)
- だいいち(第一 다이이치)
- どうして(도-시테) vs どうやって(도-얏테)[16]
- しんかんせん(新幹線 신칸셍)
- ～だい(代 다이)
- はらう(払う 하라우)
- こんな(콘나)
- もの(物 모노)
- まで(마데)
- じけん(事件 지켕)
- でしょう(데쇼-) ← です(데스) ← だ(다)
- それ(소레)
- さいたま(埼玉(県) 사이타마) 43県 중 東京都 근처
- きた(北 키타)
- はし(橋 하시)
- した(下 시타)
- あたり(辺り 아타리)
- えいぞう(映像 에-죠-)
- あきち(空き地 아키치)
- どこ(도코)
- よし(요시) ← いい/よい(良い 이-/요이)
- かくにん(確認 카쿠닝)

---

16 やる(야루)는 する(수루)와 '하다'라는 공통점이 있지만, どうして(도-시테)는 どうやって(도-얏테)와 전혀 다른 의미를 나타낸다. 즉 どうやって(도-얏테)의 경우는 '하다'의 의미가 그대로 남아 있지만, どうして(도-시테)의 경우는 '하다'의 의미는 없어지고, 이유를 묻는 '왜'란 의미로 사용된다.

- かんりょう(完了 칸료-)
- けんせつ(建設 켄세츠)
- よていち(予定地 요테-치)
- ごゆっくり(고융쿠리)
- いく(行く 이쿠)
- まえ(前 마에)
- たちよる(立ち寄る 타치요루)
- みせ(店 미세)
- いや(否 이야) ← cf. いや(嫌 이야)
- じゅうでん(充電 쥬-뎅)
- ため(為 타메)
- しんせん**な**(新鮮な 신센나)
- ほたて(帆立 호타테) ← ほたてがい(帆立貝 호타테가이)[17]
- いつも(이츠모)
- それ(소레)
- もちあるく(持ち歩く 모치아루쿠)
- ばっぐ(bag 박구)
- はじまり(始まり 하지마리)
- おわり(終わり 오와리)
- かばんがけ(鞄掛け 카반가케)
- いち(位置 이치) cf. 一(이치)
- ちょっと(춋토)
- だけ(다케))
- ほんとう(本当 혼토-)
- おそらく(오소라쿠)
- したぎ(下着 시타기)
- かもしれない(かも知れない 카모시레나이)
- まわり(周り 마와리)

17 'ほたて(帆立 호타테)'는 한국어로 '가리비'이며, 그 중 'かいばしら(貝柱 카이바시라)'는 가리비 안에 있는 주요 식용부위인 '패주'만을 가리킨다.

- だれ(다레)
- あきち(空き地 아키치)
- よてい(予定 요테-)
- ぞうせい(造成 조-세-)
- こうじ(工事 코-지)
- けん(県 켕)
- けんせつ(建設 켄세츠)
- ぎょうかい(業界 교-카이)
- ゆちゃく(癒着 유차쿠)
- こくはつ(告発 코쿠하츠)
- こんかい(今回 콘카이)
- じけん(事件 지켕)
- かんけい(関係 칸케-)
- ある(아루)
- ない(無い 나이)
- じじつ(事実 지지츠)
- ただ(只 타다) : 단지(부사), 공짜(명사)

2-4-2 문형

- げんばだから(現場だから 겐바다카라)。
- これはわたしのじけんだといったでしょう(これは私の事件だと言ったでしょう 코레와 와타시노 지켄다토 잇타데쇼-)。
- もうおりるんですか(もう降りるんですか 모-오리룬데수카)。
- まってくださいよ(待ってくださいよ 맛테 쿠다사이요)。
- どうも、**お**またせいたしました(どうも、お待たせいたしました 도-모 오마타세이타시마시타)。
- ありがとうございます(아리가토- 고자이마스)。
- どうぞ、**ご**ゆっくり(도-조, 고윳쿠리)。
- ここ**って**(코콧테)

- いつもそれ、もちあるくんですか
  (いつもそれ、持ち歩くんですか 이츠모 소레, 모치아루쿤데스카)。
- いただきまんぐーす(いただきmongoose 이타다키망구-스)。← いただきます(이타다키마스)
- ほんとうだ(本当だ 혼토다)。
- まわりにはだれもいませんよ(周りには誰もいませんよ 마와리니와 다레모 이마셍요)。
- かんけいがあるかないかは(関係があるか無いかは 칸케-가 아루카나이카와)～
- ぼくはただじじつがしりたいだけだから
  (僕は只事実が知りたいだけだから 보쿠와 타다 지지츠가 시리타이 다케다카라)。

2-4-3 일본문화

とどうふけん(都道府県 토도-후켕): 1都 1道 2府 43県

2-4-4 퀴즈

1) 다음 중 음식점에서 손님이나 종업원이 사용할 수 있는 정중한 표현을 모두 고르시오.

①いただきます(이타다키마스)。

②おまたせいたしました(お待たせいたしました 오마타세이타시마시타)。

③ごゆっくり(고윳쿠리)。

④まってくださいよ(待ってくださいよ 맛테쿠다사이요)。

2) 다음 중 짝지어진 것이 다소 부자연스러운 것은?

① けいじ(刑事 케-지) - じけん(事件 지켕)

② かんけい(関係 컨케-) - ない(無い 나이)

③ けんせつ(建設 켄세츠) - ぎょうかい(業界 교-카이)

④ ただ(只 타다) - ほんとう(本当 혼토-)

제3주차 99.9 刑事専門弁護士 新たな出会い 3

99.9 형사 전문 변호사, 새로운 만남

3-1 학습목표

1) 인사말

こんにちは(今日は 콘니치와)[18]

こんばんは(今晩は 콘방와)[19]

よろしくおねがいします(よろしくお願いします 요로시쿠 오네가이시마스)[20]

2) 동사 ない(나이)표현: 부정

- ~[u]형 동사	**~[a]ない(나이)**
きづく(気づく 키즈쿠)	きづかない(気づかない 키즈카나이)
いく(行く 이쿠)	いかない(行かない 이카나이)
- ~[i/e]る형 동사	**~[i/e] ~~る~~ + ない(나이)**
たべる(食べる 오에루)	たべない(食べない 타베나이)

18 こんにちは(今日は 콘니치와)는 원래 'こんにち(今日)はごきげん(機嫌)いかがですか(오늘은 기분이 어떠십니까?)' 등의 인사가 줄어서 만들어진 인사말이다. 따라서 'は'는 한국어 '은/는'에 해당되는 조사로, 옛날 일본어 문법이 아직도 남아 있는 몇 안 되는 경우이다. 옛날 일본어의 경우 'は'는 단어 중간(어중 語中)이나 마지막(어미 語尾)에 사용되면 [ha]로 발음하지 않고 [wa]로 발음하는 법칙이 있었는데, 그것이 아직도 현대어에 유지되어 온 사례이다.

19 こんばんは(今晩は 콘방와)는 원래 'こんばん(今晩)はよい晩ですね(오늘 저녁은 멋진 밤이군요)' 등의 인사가 줄어서 만들어진 인사말이다. 따라서 'は'가 조사이기 때문에, [ha]가 아니라 [wa]로 발음해야 한다.

20 'よろしく(宜しく 요로시쿠)는 형용사 'よろしい(宜しい 좋다, 괜찮다)'의 부사형이다. 참고로 'よろしい(宜しい 좋다, 괜찮다)'는 'よい(良い 좋다, 괜찮다)'의 보다 공손한 표현이다.

3) 동사 ～ている(테이루) 표현: 변화된 결과(～어 있다) / 진행(～고 있다)

ひらく(開く히라쿠) ひらいている(開いている히라이테이루) ひらいてる(開いてる히라이테루)
できる(出来る데키루) できている(出来ている 데키테이루) できてる(出来てる데키테루)
うつる(映る우츠루) うつっている(映っている 우츳테이루) うつってる(映ってる우츳테루)
いう(言う이우) いっている(言っている 잇테이루) いってる(言ってる잇테루)
わらう(笑う와라우) わらっている(笑っている 와랏테이루) わらってる(笑ってる와랏테루)

4) ~ い(이) 형용사

- 반말 ~ **い(이)**
  いい/よい(良い 이-/요이)
  ない(無い 나이)
  まぎらわしい(紛らわしい 마기라와시-)
  おかしい(可笑しい 오카시-)
- 존대말 ~い + **です(데스)**
- 부사화 ~**い** + 명사 → ~~い~~ く(쿠) + 동사
  いい/よいひと(良い人 이-/요이 히토) → よ<u>く</u>わかる(よく分かる 요쿠와카루)

5) 종조사[21]

- ね(네)[22] : 공감
  よかったです<u>ね</u>(요캇타데스네)。
- よ(요)[23] : 새정보 제공, 명령표현 완화
  まわりにはだれもいません<u>よ</u>(周りには誰もいません<u>よ</u> 마와리니와 다레모 이마셍요)。
  まってください<u>よ</u>(待ってくださいよ 맛테 쿠다사이요)。
- の(노)↗: 의문
  ばっぐまでいけたんじゃない<u>の</u>(bagまで行けたんじゃないの 밧구마데 이케탄쟈나이노)。

---

21 말하고자 하는 내용에는 아무런 영향을 주지 않고 주로 화자와 청자와의 관계를 나타내주는 표현으로, 주로 회화체에서 사용되는 일본어의 독특한 특성 중 하나이다. 맨 마지막에 등장하기 때문에 '종조사(終助詞)'라 불린다.

22 상대와의 공감이나 동의를 나타낼 때 주로 사용되며, 반말에 사용될 경우는 반말의 강도를 다소 누그러뜨려준다. 예) たのむね(頼むね 타노무네)

23 한국어의 '~요(가벼운 존대)'와 유사한 발음이지만 전혀 다른 기능을 갖고 있다. 즉 상대가 모르는 새로운 정보를 약간 가르쳐 준다는 뉘앙스를 띠기 때문에 다소 거만하게 들릴 수도 있고 명령조로 들릴 수도 있기 때문에 사용에 주의가 필요하다. 예) わかるよ(分かるよ 와카루요): 이미 내가 더 잘 알고 있으니 그만 잔소리 하세요.

これ、どうやってつける<u>の</u>(코레, 도얏테 츠케루노)。[24]

6) 조사

- から(카라) : 문장+ から

  はやくたべない**から**(早く食べないから 하야쿠 타베나이카라)[25]

- とか(토카) : A**とか**Bとか
- も(모)　　 : こっち**も**(콧치모), いつ**も**(이츠모)
- まで(마데) : ばっぐ**まで**(bagまで 밧구마데)

7) 숫자읽기

1(いち이치), 5(ごユ), 10(じゅう쥬-), 15(じゅうご쥬-고), 16(じゅうろく쥬-로쿠), 17(じゅうなな/じゅうしち 쥬-나나/쥬-시치), 18(じゅうはち쥬-하치)

8) 퀴즈

A. 다음 중 숫자 읽는 법이 틀린 것은?

① 1: いち(이치)

② 5: こ(코)

③ 10: じゅう(쥬-)

④ 17: じゅうしち(쥬-시치)

B. 다음 중 성격이 다른 ない는?

① ない(無い 나이)

② たべない食べない 타베나이)

③ きづかない(気づかない 키즈카나이)

④ いかない(行かない 이카나이)

---

24 つける(付ける 츠케루)는 '전기 등을 켜다' '물건을 붙이다, 연결하다' 등 다양한 의미를 가진 동사이기 때문에, 한글 자막에 적힌 "어떻게 켜"보다는 내용상 렌즈를 몸체에 붙이는 과정에서 나온 말이므로 '어떻게 붙여/연결해'가 좀 더 자연스러운 것 같다.

25 はやい(하야이)는 早い, 速い와 같이 표기되듯이 그 의미도 구분된다.
예) 早く食べなさい(하야쿠 타베나사이): 먹는 행동을 시작도 하지 않고 미적거리고 있는 경우에 사용.
　速く食べなさい(하야쿠 타베나아이): 먹고 있는 행동이 매우 느려터진 경우에 사용.

3-2 드라마소개

제목 99.9 형사 전문 변호사, 새로운 만남

제작회사 TBS

등장인물 深山 大翔 (みやま ひろと 미야마 히로토) : 변호사
佐田 篤弘 (さだ あつひろ 사다 아츠히로) : 새 법률사무소장
河野 穂乃果 (こうの ほのか 코-노 호노카) : 여성 변호사
明石 達也 (あかし たつや 아카시 타츠야) : 법률사무소 직원
斑目 春彦 (まだらめ はるひこ 마다라메 하루히코) : 전 법률사무소장

3-3 드라마 I

3-3-1 어휘

- なんで(何で 난데) vs なにで(何で 나니데)[26]
- いい/よい(良い 이-/요이)
- やはく(早く 하야쿠) vs やはく(速く 하야쿠) ← はやい(速い하야이)
- たべない(食べない 타베나이) ← たべる(食べる타베루)
- あたり(辺り 아타리)
- もし(모시)
- はんにん(犯人 한닝)
- ほか(他/外 호카)
- ばっぐ(bag 박구)
- したぎ(下着 시타기)
- うら(裏 우라)
- ～とか(토카)
- いや(否 이야)
- ここ(코코)
- かめら(camera 카메라)
- よこ(横 요코)
- きづかない(気づかない 키즈카나이) ← きづく(気づく 키즈쿠)
- わけ(訳 와케)
- ない(無い 나이)
- かくれる(隠れる 카쿠레루)
- ばしょ(場所 바쇼)
- えいぞう(映像 에-조-)
- さいげん(再現 사이겡)
- ようい(用意 요-이)

---

26 何의 발음은 뒤에 오는 발음과 의미에 따라 なん(낭) 또는 なに(나니)로 발음된다.
a. 뒷발음의 영향 : なん(何낭 + [n][d][t] 예) なんで(何で 난데), なんの(なんの난노), なんて(何て난테)
b. 의미의 영향 : なにで(何で나니데: 무엇으로), なんで(何で낭데: 왜)

- よういする(用意する 요-이수루)
- つける(付ける 츠케루)
- かばんがけ(かばん掛け 카반가케)[27]
- こんな(콘나)
- かんじ(感じ 칸지)
- いっしゅう(一週 잇슈-)
- じゅうはち(十八 쥬-하치)
- びょう(秒 뵤-)
- えっ？(엣?)
- だれ(誰 다레)
- じけん(事件 지켕)

3-3-2 문형

- はやくたべないから(早く食べないから 하야쿠 타베나이카라)
- いいから(良いから 이-카라)
- とりました(取りました 토리마시타)
- きづかない<u>わけがない</u>(気づかない訳がない 키즈카나이 와케가 나이)
- ～てみる：시도 ← みる(見る 미루)
- さいげんする(再現する 사이겐수루)
- さいげんしてみる(再現してみる 사이겐시테미루)。↗
- よういして(用意して 요-이시테) ←用意します(요이시마스) ←用意する(요이수루)
- これ、どうやってつけるの(코레 도-얏테 츠케루노)。↗
- こんなかんじか(こんな感じか 콘나칸지카)。
- だれのじけん(誰の事件 다레노 지켕)。↗
- わたしのじけんです(私の事件です 와타시노 지켕데스)。
- どうぞ(도-조)。

---

27 드라마에서 かたがけ(肩掛け 카타가케: 어깨에 걸치는 것, 긴 끈이 있는 가방 등)로 발음되었지만, 강의 촬영당시는 かばんがけ(かばん掛け 카반가케)로 잘못 들었다.

3-3-3 일본문화

식사예법: 개별 상차림, 젓가락 손에 끼고 "いただきます(이타다키마스)", 그릇 들고 먹기
젓가락 놓는 법

3-3-4 퀴즈

1) 다음 중 ( ) 에 적당한 표현은?
( ) たべないから(食べないから 타베나이카라)
① はやく(早く 하야쿠)
② はやい(早い 하야이)
③ はやに(早に 하야니)
④ はやな(早な 하야나)

2) 다음 중 ( )에 적당한 표현은?
きづかない( )がない 키즈카나이( )가 나이
① かんじ(感じ 칸지)
② ようい(用意 요-이)
③ わけ(訳 와케)
④ うら(裏 우라)

3-4 드라마 II

3-4-1 어휘

- じゅんび(準備 준비)
- いく(行く 이쿠)
- ようい(用意 요-이)
- すたーと(start 수타-토)
- かっと(cut 캇토)
- まぎらわしい(紛らわしい 마기라와시-)
- 5(ご 고)
- びょう(秒 뵤-)
- 10(じゅう 쥬-)
- 15(じゅうご쥬-고)
- 16(じゅうろく 쥬-로쿠)
- 17(じゅうなな/じゅうしち 쥬-나나/쥬시치)
- 18(じゅうはち 쥬-하치),
- ただ(只 타다)
- いま(今 이마)
- あくしでんと(accident 아쿠시덴토)
- さいご(最後 사이고)
- ぜんぜん(全然 전혀) + 부정, 긍정
- うつる(映る 우츠루)
- なぜ(나제)
- はかせ(博士 하카세)
- あきらめる(諦める 아키라메루)
- みち(道 미치)
- ひらける(開ける 히라케루)
- こっち(콧치)
- ほら(호라)

- ちゃっく(챳쿠)[28]
- ちゃんと(챵토)
- ろぼっと(robot 로봇토)
- べんごし(弁護士 벤고시)
- なに(何나니) vs なん(何 낭)
- そろそろ(소로소로)

3-4-2 문형

- こっちも(콧치모)
- できてません(데키테마셍)。← できていません(데키테이마셍) ← できている(데키테이루) ← できる(데키루)[29]
- いくよ(行くよ 이쿠요)。
- ちょっとまってください(ちょっと待ってください 춋토 맛테 쿠다사이)。
- うつってる(映ってる 우츳테루) ← うつっている(映っている 우츳테이루) ← うつる(映る 우츠루)
- ただいま(只今 타다이마)
- あきらめなければみちはひらける(諦めなければ道は開ける 아키라메나케레바 미치와 히라케루)。：
- あきらめる(諦める아키라메루) → あきれめない(諦めない아키라메나이, 부정) + ば(조건)、
- ひらく(開く히라쿠) → ひらける(開ける히라케루, 가능)
- ひらいてました(開いてました 히라이테마시타)？ ← 開いていました(히라이테이마시타) ← 開いています(히라이테이마스) ← 開いている(히라이테이루) ← 開く(히라쿠)
- ちゃんとやって(챵토 얏테)。
- すみません(수미마셍)。

---

28 1927년 일본 지퍼(じっぱー zipper 짓빠-) 제조회사의 명칭에서 유래되어 그대로 일반명사화 되었다. 예) ほっちきす/ほちきす(Hotchkiss 호치키스)=すてーぷらー(stapler스테-쁘라-)

29 できる(出来る 데키루)는 '할 수 있다(가능)', '생기다/발생하다' 등 다양한 의미를 갖고 있다. 특히 する(수루=하다)의 가능을 나타내는 경우는 다양한 한자어 함께 사용된다.
예)さいげんする(再現する사이겐수루=재현하다)ーさいげんできる(再現できる사이겐데키루=재현할 수 있다)

- わらってるの(笑ってるの와랏테루노)。 ← わらっている(笑っている와랏테이루) ← わらう(笑う와라우)
- なにいってるの(何言ってるの 나니, 잇테루노)。 ← いっている(言っている 잇테이루) ← いう(言う 이우)

3-4-3 일본문화

일본어의 경어: 상대경어

	보통체(반말, 사전형)	정중체(です/ます)
거리감		○
정중함		○

3-4-4 퀴즈

1) 다음 중 あきらめなければみちはひらける(諦めなければ道は開ける 아키라메나케레바미치와 히라케루)의 해석은?

① 포기해야만 한다.

② 포기하면 마음이 편해진다.

③ 포기하지 않으면 길은 열릴 수 있을 것이다.

④ 포기하고 싶다

2) 다음 중 じゅんび(準備 준비)와 유사한 표현은?

① さいご(最後 사이고)

② ようい(用意 요-이)

③ はかせ(博士 하카세)

④ いま(今 이마)

제4주차

99.9 刑事専門弁護士 新たな出会い 4

99.9 형사 전문 변호사, 새로운 만남

4-1 학습목표

1) 동사 과거표현(반말) た(타)

- ～[u]	**～った(타)**
いう(言う 이우)	いった(言った 잇타)
うたう(歌う 우타우)	うたった(歌った 우탓타)
ある(有る/在る 아루)	あった(有った/在った 앗타)
- ～[i/e]る	**～[i/e] ~~る~~ + た(타)**
きこえる(聞こえる 키코에루)	きこえた(聞こえた 키코에타)
いれる(入れる 이레루)	いれた(入れた 이레타)
できる(出来る 데키루)	できた(出来た 데키타)
- **する(수루)**	**した(시타)**
しょうげんする(証言する 쇼-겡수루)	しょうげんした(証言した 쇼-겡시타)

2) い형용사 과거표현(반말) かった(캇타)

～い(이)	→	**～~~い~~かった(캇타)**
はや**い**(하야이)	→	はやかった(하야캇타)

3) な형용사/명사 과거표현(반말) だった(닷타)

～な(나) / ～だ(다)	→	**～だった(닷타)**
ふあんな(不安な 후안나)	→	ふあんだった(不安だった 후안닷타)

せんせいだ(先生だ 센세-다) → せんせいだった(先生だった 센세-닷타)
じゃまだ(邪魔だ 쟈마다) → じゃまだった(邪魔だった 쟈마닷타)

4) ～じゃない(쟈나이)[30]

- 확인표현(대화상대 有) このおとであしおとがきこえなかったんじゃないかな
  (この音で足音が聞こえなかったんじゃないかな
  코노오토데 아시오토가 키코에나캇탄 쟈나이카나)。
- 부정표현 はんにんじゃない(犯人じゃない한닌쟈나이) ↔ はんにんだ(犯人だ한닌다)

5) だ(다) 단정표현 정리

		긍정	부정	연결
반말(보통체)	현재	だ(다)	では(じゃ)ない 데와(쟈)나이	で(데): ふつうでおいしい (普通で美味しい 후츠-데오이시-)
	과거	だった(닷타)	では(じゃ)なかった 데와(쟈)나캇타	
정중체	현재	です(데스)	では(じゃ)ありません 데와(쟈)아리마셍	
	과거	でした(데시타)	では(じゃ)ありませんでした 데와(쟈)아리마센데시타	

6) 조사

- なあ(나-) : 독백 じゃまだなあ(邪魔だなあ 쟈마다나-)。
- で(데) : 원인 このおとできこえなかった(この音で聞こえなかった코노오토데키코에나캇타)
  장소 けせんぬまで(気仙沼で 케센누마데), とうきょうで(東京で 토-쿄-데)
- ので(노데) : 문장+ ので でんわちゅうですので(電話中ですので 뎅와츄-데스노데)
- の(노) : 단어와 단어 사이, 해석× ぐれーのちぇっくのじゃけっと(grayのcheckのjacket)
  동격 ひがいしゃのほんださん(被害者の本田さん 히가이샤노 혼다상)
- に(니) : 목적지, 방향 ばっぐにいれた(bagに入れた 박구니 이레타)
  사람(～에게) けいさつにしょうげんした(警察に証言した 케-사츠니 쇼-겐시타)

---

30 '～じゃん(쟝)'으로 줄여서 발음하기도 하며 인토네이션을 올려서 상대에게 확인할 때 사용하기도 한다. 예) めりっとないじゃん(merit메릿토 나이쟝＝메리트 없지 않아)↗

7) 퀴즈

A. 다음 중 ( )에 들어갈 수 있는 것을 모두 고르시오.

このおと( )きこえなかった [この音( )聞こえなかった

코노오토( ) 키코에나캇타]。

① は(와)

② まで(마데)

③ で(데)

④ か(카)

B. ふつうでおいしい(普通で美味しい 후츠-데오이시-)의 해석은?

① 보통이 맛있다

② 보통이고 맛있다

③ 보통이라면 맛있다.

④ 보통이지만 맛있다

4-2 드라마소개

제목 99.9 형사 전문 변호사, 새로운 만남

제작회사 TBS

등장인물 深山 大翔 (みやま ひろと 미야마 히로토) : 변호사
佐田 篤弘 (さだ あつひろ 사다 아츠히로) : 새 법률사무소장
河野 穂乃果 (こうの ほのか 코-노 호노카) : 여성 변호사
明石 達也 (あかし たつや 아카시 타츠야) : 법률사무소 직원
斑目 春彦 (まだらめ はるひこ 마다라메 하루히코) : 전 법률사무소장

4-3 드라마 I

4-3-1 어휘

- ちょっと(춋토): 조금 → 마이너스 상황(저런...).
- せんせい(先生 센세-)
- うるさい(煩い 우루사이)
- なに(何 나니)
- ちかい(近い 치카이)
- こっち(콧치) vs こちら(코치라)
- ぎゃく(逆 갸쿠)
- じゃまだ(邪魔だ 쟈마다)
- これ(코레)
- この(코노)
- おと(音 오토)
- あし(足 아시)
- きこえる(聞こえる 키코에루)
- きこえない(聞こえない 키코에나이)
- きこえなかった(聞こえなかった 키코에나캇타)
- けんせつ(建設 켄세츠)
- ふつう(普通 후츠-)
- おいしい(美味しい 오이시-)
- えん(엥)? 불만
- しゃちょう(社長 샤쵸-)
- ただいま(只今 타다이마)
- でんわちゅう(電話中 뎅와츄-)
- うた(歌 우타)
- うたう(歌う 우타우)
- **お**しばい(お芝居 오시바이)
- げきだん(劇団 게키당)
- かた(方 카타)
- ふたご(双子 후타고)

- おとうとさん(弟さん 오토-토상)
- いとこ(従兄 이토코)
- ずいぶん(随分 주이붕)
- かお(顔 카오)
- ひろい(広い 히로이)
- あれ(아레)?
- やっぱり(얏빠리) vs やはり(야하리)
- じょせい(女性 죠세-)
- ひがいしゃ(被害者 히가이샤)
- じけん(事件 지켕)
- あった(앗타) ← ある(有る/在る아루)
- にかげつ(二ヶ月[31] 니카게츠)
- まえ(前 마에)
- さつえい(撮影 사츠에-)

4-3-2 문형

- じゃまだなあ(邪魔だなあ 쟈마다나-)。
- このおとであしおとがきこえなかったんじゃないかな(この音で足音が聞こえなかったんじゃないかな 코노오토데 아시오토가 키코에나캇타 쟈나이카나)。
- ふつうでおいしい(普通で美味しい 후츠-데 오이시-)
- しゃちょうはただいまでんわちゅうですので(社長は只今電話中ですので 샤쵸-와 타다이마 뎅와츄-데스노데)
- しょうしょうおまちください vs ちょっとまってください
  (少々お待ちください 쇼-쇼-오마치 쿠다사이) (ちょっと待ってください 춋토 맛테 쿠다사이)
- ずいぶんかお、ひろいんだね(ずいぶん顔広いんだね 즈이붕 카오 히로인다네)。

---

31 ヶ 는 물건을 세는 箇, 個의 대용으로 사용하는 경우인 か(카)와, 현대어 の(노)에 해당하는 고어 잔재 が(가)로 구분하여 읽는다.
예) 三ヶ月(さんかげつ산카게츠=3개월), 三カ所(さんかしょ=3개소),
自由ヶ丘(じゆうがおか 지유-가오카=자유의 언덕

▪ やっぱりそうだ(얏빠리 소-다)。

4-3-3 일본문화

첫 대면 인사 どうぞ(도-죠) vs どうも(도-모)

호칭 しゃちょう社長 vs しゃちょうさん(社長さん 샤쵸-상)

이름+ かいちょう(会長 카이쵸-)

おとうとさん(弟さん 오토-토상)

4-3-4 퀴즈

1) 다음 중 やはり(야하리)의 강조된 표현은?

① やっはり(얏하리)

② やつはり(야츠하리)

③ やっぱり(얏빠리)

④ やっぽり(얏뽀리)

2) 다음 중 신체와 관련된 단어를 모두 고르시오.

① じけん(事件 지켕)

② かお(顔 카오)

③ あし(足 아시)

④ じょせい(女性 죠세-)

4-4 드라마 II

4-4-1 어휘

- おそらく(오소라쿠)
- しんそう(真相 신소-)
- じけん(事件 지켕)
- とうじつ(当日 토-지츠)
- まずは(先ずは 마즈와)～
- しゃちょう(社長 샤쵸-)
- あらかじめ(予め 아라카지메)
- したぎ(下着 시타기)
- ばっぐ(bag 밧구)
- いれる(入れる 이레루)
- そして(소시테)
- ぐれー(gray 그레-)
- ちぇっく(check 쳇크)
- じゃけっと(jacket 쟈켓토)
- ふくそう(服装 후쿠소-)
- けいさつ(警察 케-사츠)
- しょうげんする(証言する 쇼-겡수루)
- しょうげんした(証言した 쇼-겡시타)
- こくはつ(告発 코쿠하츠)
- そしする(阻止する 소시수루)
- ため(타메)
- ほんとう(本当 혼토-)
- はんにん(犯人 한닝)
- けっか(結果 켓카)
- じじつ(事実 지지츠)
- みおとす(見落とす 미오토수)
- しゃしん(写真 샤싱)

- きねん(記念 키넹)
- はじめて(初めて 하지메테)
- あんけん(案件 안켕)
- しっぱい(失敗 싯빠이)
- きゅうよう(急用 큐-요-)
- できた(出来た 데키타) ← できる(出来る 데키루)
- あいつら(아이츠라)＝あいつ(아이츠)＋ら(라)
- ばかやろう(ばか野郎 바카야로-)
- こんど(今度 콘도)
- せーふ(safe 세-후)

4-4-2 문형

- おそらくしんそうはそうだよ(おそらく真相はそうだよ 오소라쿠 신소-와 소-다요)。
- ほんださんのしたぎをおおしまさんのばっぐにいれた(本田さんの下着を大島さんのbagに入れた 혼다상노 시타기오 오-시마상노 밧구니 이레타)。
- ～んだ/です(～ㅇ다/데스) ← ～のだ/です(～노다/데스)
- ほんとうにはんにんじゃなかったんだ(本当に犯人じゃなかったんだ혼토-니한닌쟈나캇탕다)。
- そしするために(阻止するために 소시수루타메니)
- おまたせしました(お待たせしました 오마타세 시마시타)。
- ～んで(～ㅇ데) ← ～ので(～노데)
- きゅうようができたんで、これで[32](急用ができたんで、これで 큐-요-가데키탄데, 코레데)。
- しつれいします(失礼します 시츠레시마스)。
- ありがとうございます(아리가토- 고자이마스)。
- ～동사의 ます형 +に(니) +くる/きた(쿠루/키타) ~하러 오다(목적)
- する(수루)+にくる/きた→します(시마스)+にくる/きた(니쿠루/키타)→しにくる/きた(시니쿠루/키타)

---

32 헤어질 때 주로 사용되는 これでしつれいします(これで失礼します 코레데 시츠레시마스= 이제 그만 실례하겠습니다)"의 생략된 표현이므로, 자막의 "급한 용무가 생겨서 이걸로" 보다는 "급한 용무가 생겨서 이제 그만..." 이 더 자연스럽다.

- なにしにきたんだよ(何しに来たんだよ 나니시니 키탕다요)。
- せーふじゃないよ(safeじゃないよ 세-후쟈나이요)。[33]

4-4-3 일본문화

はい(하이): Yes, 동작시작을 알림 (사진찍을 때 등)

인사 예법: 쿠도 사장의 모습(양 손을 바지옆선에 붙임)

しゃちょうのくどうです(社長の工藤です 샤쵸-노 쿠도-데스)

ぼんさい(盆栽 본사이)

4-4-4 퀴즈

1) 다음 중 본인 소개 시 어색한 표현은?

① しゃちょうのくどうです(社長の工藤です 샤쵸-노 쿠도-데스)

② くどうしゃちょうです(工藤社長です 쿠도-샤쵸-데스)

③ くどうです(工藤です 쿠도-데스)

④ くどうともうします(工藤と申します 쿠도-토 모-시마스)

2) 다음 중 연관성이 가장 적은 것은?

① ばかやろう(ばか野郎 바카야로-)

② じゃけっと(jacket 쟈켓토)

③ ふくそう(服装 후쿠소-)

④ したぎ(下着 시타기)

---

33 드라마에서 사장이 화가 나서 비싼 분재를 부하 직원에게 던졌지만, 그것을 무사히 안전하게 받으면서 부하직원이 “こんどはせーふ(今度はせーふ 콘도와 세-후: 이번에는 세-프)”라고 하자, 사장이 더 화가 나서 소리치는 대사이다.

제5주차 婚かつ(콘카츠) 1

결혼활동

5-1 학습목표

1) 귀가 시 표현

ただいま(타다이마)

おかえり(お帰り 오카에리)

おつかれ(お疲れ 오츠카레)

2) 명령표현

- ~[u]	**~[e]**
がんばる(頑張る 간바루)	がんばれ(頑張れ 간바레)
とまる(止まる 토마루)	とまれ(止まれ 토마레)[34]
やる(야루)	やれ(야레)
- ~[i/e]る	**~[i/e] る + ろ(로)**
たべる(食べる 타베루)	たべろ(食べろ 타베로)
みる(見る 미루)	みろ(見ろ 미로)
- する(수루)	**しろ(시로)**
けっこんする(結婚する 켓콘수루)	けっこんしろ(結婚しろ 켓콘시로)

34 

3) 부정명령: 사전형/기본형 + な(나)

おちこむな(落ち込むな 오치코무)。

4) 희망표현

- ~[u]	**~ [i]+たい(타이)**
のむ(飲む 노무)	のみたい(飲みたい 노미타이)
しる(知る 시루)	しりたい(知りたい 시리타이)
- ~[i/e]る	**~ ~[i/e] ~~る~~ + たい(타이)**
たべる(食べる 타베루)	たべたい(食べたい 타베타이)
- する(수루)	**したい(시타이)**
けっこんする(結婚する 켓콘수루)	けっこんしたい(結婚したい 켓콘시타이)
しゅうしょくする(就職する슈-쇼쿠수루)	しゅうしょくしたい(就職したい 슈-쇼쿠시타이)

5) 수동표현

- ~[u]	**~[a]れる(레루)**
ことわる(断わる 코토와루)	ことわられる(断わられる 코토와라레루)
- ~[i/e]る	**~[i/e] ~~る~~ + られる(라레루)**
たべる(食べる 타베루)	たべられる(食べられる 타베라레루)
みる(見る 미루)	みられる(見られる 미라레루)

6) だろう(다로-) ← だ(다)

- 추측: だろう(다로-)↘

  どうすればいいんだろうね(どうすれば良いんだろうね 도-수레바 이잉다로-네)。

- 확인: だろう(다로-)↗ だろ(다로)↗ vs じゃない(쟈나이)↗ じゃん(쟝)↗

7) 비하/불만 표현 なんて(난테)

- 단어+ なんて(난테) 따위

  けっこんなんて、しゅうしょくのいっかんといえばいっかんのわけじゃん

  (結婚なんて、就職の一環といえば一環の訳じゃん 켓콘난테 슈-쇼쿠노 잇칸토이에바 잇칸노 와케쟝)。

- 문장 +なんて(난테) ~라니 쯧쯧...

とんかつ、きらいだなんて((豚かつ、嫌いだなんて 톤카츠 키라이다난테)。

8) 문장 + って(ㅅ테)

- 본인 말 : 강한 표현(명령, 금지 등)이 다소 계면쩍을 때
  そんなおちこむなって(そんな落ち込むなって 손나니 오치코무낫테)。
  おまえもがんばれって(お前も頑張れって 오마에모 간바렛테)。
- 타인 말 : 전언
  そんなおちこむなって(そんな落ち込むなって 손나니 오치코무낫테) 。
  おまえもがんばれって(お前も頑張れって 오마에모 간바렛테)。

9) 조사

- も(모): きょうも(今日も 쿄-모), たべっぷりも(食べっぷりも 타벳뿌리모)
- で(데): 자격 じぶんで(自分で 지분데), ふたりで(二人で 후타리데)

10) 퀴즈

A. 다음 중 상대와 같음을 강조하고자 할 때 사용하는 조사는?
① が(가)
② は(와)
③ を(오)
④ も(모)

B. 다음 중 추측을 나타내는 표현은?
① じゃない(쟈나이)↗
② じゃん(쟝)↗
③ だろう(다로-)↗
④ だろう(다로-)↘

5-2 드라마소개

제목 결혼활동

제작회사 Fuji TV계

등장인물 雨宮 邦之 (あまみや くにゆき아마미야 쿠니유키) : 하루미(春見)구청 임시직원
飛田 春乃 (とびた はるの 토비타 하루노) : 돈가스 집 とんくに톤쿠니 알바생
深澤 茂 (ふかさわ しげる 후카사와 시게루) : 쿠니유키 친구, 술 소매점 경영
雨宮 邦夫 (あまみや くにお 아마미야 쿠니오) : 쿠니유키의 부친, とんくに톤쿠니 경영
桜田 周五郎 (さくらだ しゅうごろう 사쿠라다 슈-고로-) : 하루미구청 임시직원
溝口 静子 (みぞぐち しずこ 미조구치 시즈코) : 하루미구청장, 저출산 대책강구
高倉 真琴 (たかくら まこと 타카쿠라 마코토) : 쿠니유키의 친구, Star Marriage 사장

5-3 드라마 I

5-3-1 어휘

- こんかつ(婚活 콘카츠) ← けっこんかつどう(結婚活動 켓콘 카츠도-)
- ただいま(只今 타다이마)
- おかえり(お帰り 오카에리) ← かえる(帰る 카에루)
- また(마타)
- きょう(今日 쿄-)
- だめ(駄目 다메)
- ひとつ(一つ 히토츠)
- ことわる(断わる 코토와루)
- ことわられる(断わられる 코토와라레루)
- ことわられた(断わられた 코토와라레타)
- くう(食う 쿠-) vs たべる(食べる 타베루)
- いる(要る 이루)
- いらない(要らない 이라나이)
- とんかつや(豚かつ屋 톤카츠야)
- せがれ(세가레)
- きらいだ(嫌いだ 키라이다)
- ～なんて 문장+なんて(불만) vs 단어+なんて(비하)
- ほんとう(本当 혼토-)
- なさけない(情けない 나사케나이)
- しょうがない(쇼-가나이) ← しようがない(시요-가나이)
- だろう(다로-) ← だ(다)
- しゅうかつ(就活 슈-카츠) ← しゅうしょくかつどう(就職活動 슈-쇼쿠카츠도-)
- じんせい(人生 진세-)
- かつ(勝つ 카츠)
- しつぎょう(失業 시츠교-)
- ねんきん(年金 넨킹)
- きれる(切れる 키레루)

- まで(마데)
- しごと(仕事 시고토)
- みせ(店 미세)
- やる(야루)
- やれ(야레)
- おいしい(美味しい 오이시-)
- さいこう(最高 사이코-)
- たべっぷり(食べっぷり 타벳뿌리)
- おしんこ(お新香 오신코)[35] つけもの(漬物 츠케모노)[36]
- だいじょうぶ(大丈夫 다이죠-부)
- やさしい(優しい 야사시-)
- こよう(雇用 코요-)
- げきげん(激減 게키겡)[37]
- じょうきょう(状況 죠-쿄-)
- なか(中 나카)
- こくみん(国民 코쿠밍)
- ふあん(不安 후앙)
- ふっしょく(払拭 훗쇼쿠)
- にほん(日本 니홍)
- けいざい(経済 케-자이)
- あらたなる(新たなる 아라타나루) vs あらた**な**(新たな 아라타나)
- やくしん(躍進 야쿠싱)[38]
- とき(時 토키)
- めざす(目指す 메자수)
- くに(国 쿠니)

---

35 おしんこう(お新香오신코-)의 줄임표현으로 こうのもの(香の物코-노모노)라고도 불리는데, こう(香코-)라는 것은 주로 옛날에는 된장을 가리켜 된장에 박아둔 야채를 가리켰지만, 요즈음은 된장은 물론 소금, 식초, 등에 절인 야채도 지칭한다.

36 漬 : 담글 지

37 자막에는 “위기”로 되어 있지만, 엄밀하게는 ‘격감’이다.

38 자막에는 “혁식”으로 되어 있지만, 엄밀하게는 ‘약진’이다.

- ～による(に依る 니요루)[39]
- そくしん(促進 소쿠싱)
- げんじつてき**な**(現実的な 겐지츠테키나)
- かんてん(観点 칸텡)
- ひつよう(必要 히츠요-)
- ふかけつ(不可欠 후카케츠)
- とどうふけん(都道府県) 1都 1道 2府 43県
- いじょう(以上 이죠-)
- なんにんか(何人か 난닌카)
- さいよう(採用 사이요-)
- いっしょ(一緒 잇쇼)
- しょうしか(少子化 쇼-시카)[40] 저출산화

5-3-2 문형

- またきょうもだめだったんだ(また今日も駄目だったんだ 마타 쿄-모 다메닷탕다)。
- くうか、とんかつ(食うか、豚かつ 쿠-카 톤카츠)。
- とんかつやのせがれ(豚かつ屋のせがれ 톤카츠야노 세가레)
- とんかつ、きらいだなんて((豚かつ、嫌いだなんて 톤카츠 키라이다난테)。
- なさけないなあ(情けないなあ 나사케나이나-)。
- だめ**な**ものはだめなんだから(駄目なものは駄目なんだから, 다메나모노와 다메난다카라)。
- どうすればいいんだろうね(どうすれば良いんだろうね 도-수레바 이잉다로-네)。
- みせ、やれよ(店、やれよ 미세 야레요)。
- いただきます(이타다키마스)。
- はるのちゃんのたべっぷりもさいこう(春乃ちゃんの食べっぷりも最高
- 하루노짱노 타벳뿌리모 사이코-)。

---

39 よる(요루)는 寄る(근접하다), 依る(의존하다, 수단으로 하다), 因る(원인이 되다. 인하다), 拠る(근거로 하다) 選る(고르다) 등 다양한 의미를 갖고 있으며, よる(夜 요루)와 같은 동음이의어도 있다.

40 자막에는 "소자화"로 되어 있지만, 쉽게 이해할 수 있도록 '저출산화'가 좋을 것 같다.

- やくしんのときをめざすためにも(躍進の時を目指すためにも 야쿠신노토키오 메자수타메니모)
- くにによるこようそくしん(国による雇用促進 쿠니니요루 코요-소쿠싱)
- なんにんかさいようし<u>てちょうだい</u>(何人か採用して頂戴 난닌카 사이요시<u>테 쵸다이</u>) vs ～<u>てください(～테쿠다사이)</u> vs ～<u>て(테)</u>

5-3-3 일본문화

명사 + や(屋야): ～ 가게　예) とんかつや(豚かつ屋 돈카츠야), はなや(花屋 하나야)
상차림: 개별 상, 젓가락 위치, 나무 국그릇
호칭: 이름 + ちゃん(챵) くにおちゃん, はるのちゃん 연령불문
　　　　　　　くん(君 쿵) 남자
おしんこ(お新香 오신코): 야채(오이, 무, 가지 등) 절임

5-3-4 퀴즈

1) 다음 중 발음이 정확하게 표기된 것은?
① 인생- にんせい(닌세-)
② 몇 명- なんにん(난닝)
③ 필요- ひつよ(히츠요)
④ 채용- さいよ(사이요)

2) 다음 중 가장 정중하지 않은 표현은?
① さいようし<u>てちょうだい</u>(採用して頂戴 사이요-시테 쵸-다이)
② さいようし<u>てください</u>(採用してください 사이요-시테 쿠다사이)
③ さいよう<u>して</u>(採用して 사이요-시테)
④ さいよう<u>しろ</u>(採用しろ 사이요-시로)

5-4 드라마 II

5-4-1 어휘

- ふかさわさかや(深沢酒屋 후카사와 사카야)[41] vs のみや(飲み屋 노미야)
- よかった(요캇타) ← いい/よい(良い 이-/요이)
- ほんとう(本当 혼토-)
- めもちょう(memo帳 메모쵸-)
- おかげ(お陰 오카게)
- みらくる**な**(miracleな 미라쿠루나)
- かつや(く活躍 카츠야쿠)
- にほんしゅ(日本酒 니혼슈)
- いちばん(一番 이치방)
- やすい(安い 야수이)
- やつ(奴 야츠)
- はら(腹 하라)
- たつ(立つ 타츠)
- ないてい(内定 나이테-)
- きり(切り 키리) ← きる(切る 키루)
- ないていぎり(内定切り 나이테-기리)
- きらきら(키라키라)
- おふぃすがーる(office girl 오휘스 가-루)
- いっぱい(一杯 잇빠이)
- だいじょうぶ(大丈夫 다이죠부)
- おちこむ(落ち込む 오치코무)
- おちこむな(落ち込むな 오치코무나)
- ～みたい(미타이)
- くやくしょ(区役所 쿠야쿠쇼)
- きまった(決まった 키맛타) ← きまる(決まる 키마루)

---

41 深澤 茂(ふかさわ しげる 후카사와 시게루)의 가게 문에 적혀 있음.

- なんとか(何とか 난토카)
- かんぱい(乾杯 캄빠이)
- なえる(萎える 나에루)[42]
- しゅうかつ(就活 슈-카츠)
- けっこん(結婚 켓콩)
- そんな(손나)
- あいて(相手 아이테)
- いる(居る 이루)
- まじ(마지)＝ほんとう(本当 혼토-)
- だれ(誰 다레)
- いない(이나이) ← いる(居る 이루)
- いっかん(一環 잇캉)
- おんな(女 온나)
- ばあい(場合 바아이)
- こんかつ(婚活 콘카츠)
- じょうねつてき**な**(情熱的な 죠-네츠테키나)
- あい(愛 아이)
- つぎつぎと(次々と 츠기츠기토)
- かわいい(可愛い 카와이-)
- こどもたち(子供達 코도모타치) ← こども(子供코도모)＋たち(達타치)
- ゆめ(夢 유메)
- ひろがる(広がる 히로가루)
- じぶん(自分 지붕)
- ばかり(바카리)
- そうしょくけい(草食系 소-쇼쿠케-)
- だんし(男子 단시)
- けっこんできる(結婚できる 켓콘데키루)
- けっこんできない(結婚できない 켓콘데키나이)
- かね(金 카네)

---

42 萎：시들 위

- ない(나이)
- けっこんしき(結婚式 켓콘시키)
- しんこんりょこう(新婚旅行 신콘료코-)
- ひっこし(引っ越し 힛코시)
- ぜったい(絶対 젯타이)
- むり(無理 무리)
- ある(有る 아루)
- おとこ(男 오토코)
- ふたり(二人 후타리)
- のりこえる(乗り越える 노리코에루)
- つかれる(疲れる 츠카레루)
- にんたい(忍耐 닌타이)
- どりょく(努力 도료쿠)
- おばあちゃん(오바-쨩)
- きょうみ(興味 교-미)

5-4-2 문형

- よかったよね(요캇타요네)
- そのめもちょうのおかげだよ(そのmemo帳のお陰だよ 소노 메모쵸-노 오카게다요)。
- まただめだったの(また駄目だったの 마타 다메닷타노)。
- はらだつ(腹立つ 하라다츠)
- いっぱいでさーびすするから(一杯でserviceするから 잇빠이데 사-비스수루카라)
- ありがとう(아리가토-)。
- だいじょうぶかよ(大丈夫かよ 다이죠-부카요)。
- そんなおちこむなって(そんな落ち込むなって 손나니 오치코무낫테) 。
- くにひこくんみたいに(邦彦君みたいに 쿠니히코쿤 미타이니)
- まあ、なんとか(마- 난토카)。
- おまえもがんばれって(お前も頑張れって 오마에모 간바렛테)
- そんなあいているの(そんな相手いるの 손나 아이테 이루노)。

- まじでだれだよ(마지데 다레다요)。
- けっこんなんて、しゅうしょくのいっかんといえばいっかんのわけじゃん(結婚なんて、就職の一環といえば一環のわけじゃん 켓콧난테 슈-쇼쿠노 잇칸토이에바 잇칸노 와케쟝)。
- ゆめがひろがるね(夢が広がるね 유메가 히로가루네)。
- もってきて(持ってきて 못테키테) ← もってきてください(持ってきて下さい 못테키테 쿠다사이)
- きゃべつばかりたべているそうしょくけいだんし(cabbageばかり食べている草食系男子
- 캬베츠바카리 타베테이루 소-쇼쿠케-단시)
- おれはしたいなあ、けっこん(俺はしたいなあ、結婚 오레와 시타이나- 켓콩)。
- わたしはしゅうしょくしたい(私は就職したい 와타시와 슈-쇼쿠시타이)。

5-4-3 일본문화

일본 상점가 풍경
ないてい(内定 나이테-) vs ないていぎり(内定切り 나이테-기리)
면접 의상(검은색과 곤색): 하루노의 정장
さかや(酒屋 사카야), 편의점 酒 표시

5-4-4 퀴즈

1) 다음 중 ほんとう(本当혼토-)와 유사한 의미를 나타내는 것은?
① あい(愛 아이)
② けっこん(結婚 켓콩)
③ ゆめ(夢 유메)
④ まじ(마지)

2) 다음 중 결혼과 가장 관련 없는 것은?
① けっこんしき(結婚式 켓콘시키)
② しんこんりょこう(新婚旅行 신콩료코-)

③ あいて(相手 아이테)

④ いっかん(一環 잇캉)

6-1 학습목표

1) 첫 대면시 표현

じゃ(쟈)、よろしく(요로시쿠)

どうも(도모)

おまちしていました(お待ちしていました 오마치시테 이마시타) ← おまちしています(오마치시테 이마스) ← おまちしている(오마치시테이루) ← おまちする(오마치수루)

ごあんないしますわ(ご案内しますわ고안나이시마스와) ← ごあんなしする(고안나이스루)

わざわざおでむかえ(わざわざお出迎え 와자와자 오데무카에)

ありがとうございます(아리가토-고자이마스)

2) 겸양표현 お/ご(御) 명사 + します/する

- **お**+ 일본어 고유 발음(훈독)[43]

  おまちします(お待ちします 오마치시마스) ← お + 待ち + します

  おねがいします(お願いします 오네가이시마스) ← お + 願い + します

- **ご**+ 한자음 발음(음독)

  ごあんないします(ご案内します 고안나이시마스) ← ご + 案内 + します

43 國(나라 국)를 '나라'의 의미로 'くに(쿠니)라 '읽는 경우는 훈독(訓読 훈독=뜻으로 읽기)이라 하고, '국'의 의미로 'こく(코쿠)'라 읽는 경우는 음독(音読=음으로 읽기)이라 한다.

3) ~ い(이) 형용사의 부사화

~い + 명사 → ~い く(쿠) + 동사

あたらしいひと(新しい人아타라시-히토) → あたらしくできた(新しく出来た아타라시쿠데키타)

はやい(早い하야이) → はやくたべない(早く食べない 하야쿠 타베나이)

4) ~ い(이) 형용사의 명사화

~い → ~~~い~~ さ(사)

くらい(暗い 쿠라이) → くらさ(暗さ 쿠라사)

あたらしい(新しい 아타라시-) → あたらしさ(新しさ 아타라시사)

5) 나열 표현

- と(토): AとB(A토B)
- や(야): AやBなど(A야B나도)
- とか(토카): AとかBとか(A토카B토카)
- だろうが(다로-가) AだろうがBだろうが(A다로-가B다로-가)
  りんじしょくいんだろうがなんだろうが(臨時職員だろうが何だろうが 린지쇼쿠잉다로-가 난다로-가)

6) 비하/불만 표현 단어+ なんか(난카)[44] ≒ なんて(난테)

けっこんなんかどうでもいいなんて、うそばっかり(結婚なんかどうでも良いなんて、嘘ばっかり 켓콘난카 도-데모 이이난테, 우소밧카리)。

7) 전언(+불만) 표현 문장 + なんて(난테)

けっこんなんかどうでもいいなんて、うそばっかり(結婚なんかどうでも良いなんて、嘘ばっかり 켓콘난카 도-데모 이이난테, 우소밧카리)。

8) 조사

- と(토): 인용 ～という(と言う 토이우)

---

44 물론 なんか(난카)는 'なん(何) + か(불확실)= 무엇인가, 뭔가'의 의미로 해석되는 경우도 있다.

- に(니): ～~~が~~ に+なる(니나루)

  せんせいになる(先生になる 센세-니나루)

  べんごしになる(弁護士になる 벤고시니나루)

  となりになる(隣になる 토나리니나루)

9) 종조사

- わ(와): ごあんないしますわ(ご案内しますわ 고안나이시마스와)。
- な(나): 재확인 な(나)↗

10) 퀴즈

A. 다음 중 すみません(스미마셍)의 사용법이 아닌 것은?

① 사죄

② 감사

③ 아무도 없는 곳에서 사람 부를 때

④ 축하

B. 다음 중 부자연스런 표현을 모두 고르시오.

①せんせいになる(先生になる 센세-니나루)

②べんごしになる(弁護士になる 벤고시니나루)

③せんせいがなる(先生がなる 센세-가나루)

④べんごしがなる(弁護士がなる 벤고시가나루)

6-2 드라마소개

제목 결혼활동(총 11화 중 1화: 최고 시청률)

제작회사 Fuji TV계

등장인물 雨宮 邦之 (あまみや くにゆき 아마미야 쿠니유키) : 하루미(春見)구청 임시직원
飛田 春乃 (とびた はるの 토비타 하루노) : 돈가스 집 とんくに톤쿠니 알바생
深澤 茂 (ふかさわ しげる 후카사와 시게루) : 쿠니유키 친구, 술 소매점 경영
雨宮 邦夫 (あまみや くにお 아마미야 쿠니오) : 쿠니유키의 부친, とんくに톤쿠니 경영
桜田 周五郎 (さくらだ しゅうごろう 사쿠라다 슈-고로-) : 하루미구청 임시직원
溝口 静子 (みぞぐち しずこ 미조구치 시즈코) : 하루미구청장, 저출산 대책강구
高倉 真琴 (たかくら まこと 타카쿠라 마코토) : 쿠니유키의 친구, Star Marriage 사장

6-3 드라마 I

6-3-1 어휘

- **お**たく(お宅 오타쿠)
- もしかして(모시카시테)
- きょう(今日 쿄-)
- から(카라)
- いっしょ(一緒 잇쇼)
- **お**たがい(お互い 오타가이)
- よかった(요캇타) ← いい/よい(良い 이-/요이)
- りんじ(臨時 린지)
- しょくいん(職員 쇼쿠잉)
- しごと(仕事 시고토)
- とし(都市 토시)
- かいはつ(開発 카아하츠)
- おふぃす(office 오휘스)
- さいじょうかい(最上階 사이죠-카이)
- くちょうしつ(区長室 쿠쵸-시츠)
- となり(隣 토나리)
- なる(成る 나루)
- わざわざ(와자와자)
- おでむかえ(お出迎え 오데무카에)
- めんせつ(面接 멘세츠)
- とき(時 토키)
- しゅうしょく(就職 슈-쇼쿠)
- きまって(決まって 키맛테)
- しょうしか(少子化 쇼-시카)
- たいさくか(対策課 타이사쿠카)
- あたらしい(新しい 아타라시-)
- あたらしく(新しく 아타라시쿠)

- できた(出来た 데키타) ← できる(出来る 데키루)
- どちら(도치라)
- あそこ(아소코)
- かわった(変わった 카왓타) 동사의 과거형, 형용사 ← かわる(変わる 카와루)
- とこ(토코) ← ところ(所 토코로)
- あります(아리마스) ← ある(아루)
- たくみ(匠 타쿠미) 고유명사(친구 이름), 명인
- おれ(俺 오레)
- じょうし(上司 죠-시)
- おしりあい(お知り合い 오시리아이)
- がき(餓鬼 가키)[45]
- ころ(頃 코로)
- せっかく(셋카쿠)
- くらさ(暗さ 쿠라사)
- させん(左遷 사셍)
- ぶしょ(部署 부쇼)
- ～みたい(미타이)

6-3-2 문형

- おたくももしかしてきょうから(お宅ももしかして今日から 오타쿠모 모시카시테 쿄-카라)。
- じゃ、よろしく(쟈, 요로시쿠)。
- どうも(도-모)
- りんじしょくいんだろうがなんだろうが(臨時職員だろうが何だろうが 린지쇼쿠인다로-가 난다로-가)
- しごとがみつかって(仕事が見つかって 시고토가 미츠캇테)
- ～になります(니나리마스) ← になる(니나루)

45 아이를 의미하는 비속어인 がき의 한자어가 餓鬼(아귀)인 것은 아이들이 음식을 마구 먹어치우는 모습에서 유래되었다고 한다.

- あっ、あなた、めんせつのときの(あっ、あなた、面接の時の 앗, 아나타, 멘세츠노 토키노)

6-3-3 일본문화

모르는 사람 첫 호칭: おたく(お宅 오타쿠) vs あなた

～です	vs	～になります
くちょうしつのとなりです (区長室の隣です 쿠쵸-시츠노 토나리데스)		くちょうしつのとなりになります (区長室の隣になります 쿠쵸시츠노 토나리니 나리마스)

すみません(수미마셍) 사죄, 누군가 부를 때, 감사

6-3-4 퀴즈

1) 다음 중 부자연스러운 표현은?
① おしりあい(お知り合い 오시리아이)
② おでむかえ(お出迎え 오데무카에)
③ おあんない(お案内 오안나이)
④ おたく(お宅 오타쿠)

2) りんじしょくいんだろうがなんだろうが(臨時職員だろうが何だろうが 린지쇼쿠잉다로-가 난다로-가)를 올바르게 한국어로 바꾼 것은?
① 임시 직원일까 누굴까?
② 임시 직원과 무엇을 할런지.
③ 임시 직원과 무엇이 다를런지.
④ 임시 직원이든 뭐든

6-4 드라마 II

6-4-1 어휘

- なんで(난데)
- けっこん(結婚 켓콩)
- こんど(今度 콘도) 이번, 다음 번
- ちゃんと(챤토)
- しょうかいする(紹介する 쇼-카이수루)
- かのじょ(彼女 카노죠) 3인칭 여자, 여자친구
- **お**やすみ(お休み 오야스미)
- なんか(何か 난카)
- どう(도-)
- いい(良い 이-)
- ～なんて(난테)
- うそ(嘘 우소)
- ～ばかり(바카리)
- **お**つかれ(お疲れ 오츠카레) ← つかれる(疲れる 츠카레루)
- **お**れい(お礼 오레-)
- **お**まえ(お前 오마에)
- ため(為 타메)
- さけ(酒 사케)
- ずいぶん(随分 주이붕)
- さしいれる(差し入れる 사시이레루)
- **ご**しゅうぎ(ご祝儀 고슈-기)
- ありがたい(아리가타이)
- まち(町 마치)
- なかまたち(仲間達 나카마타치)
- はやく(早く 하야쿠) ← はやい(早い 하야이)
- しき(式 시키)

- すっかり(슷카리)
- ゆうめいじん(有名人 유-메-징)
- こまる(困る 코마루)
- こと(事 코토)
- ない(無い 나이)
- でしょう(데쇼-) ← です(데스)
- くらい(暗い 쿠라이)
- ごじせい(御時世 고지세-)
- あかるい(明るい 아카루이)
- はなし(話 하나시) ← はなす(話す 하나수)

6-4-2 문형

- けっこんのこと(結婚のこと 켯콘노 코토)
- おめでとう(오메데토-)
- こんどちゃんとしょうかいしてね(今度ちゃんと紹介してね 콘도 챤토 쇼-카이시테네)
- かのじょのこと(彼女のこと 카노죠노 코토)
- おやすみ(오야스미)
- けっこんなんかどうでもいいなんて、うそばっかり(結婚なんかどうでも良いなんて、嘘ばっかり 켓콘난카 도-데모 이이난테, 우소밧카리)
- おつかれ(お疲れ 오츠카레)
- おまえのために、さけ、ずいぶんさしいれたからな(お前のために、酒、随分差し入れたからな 오마에노 타메니 사케, 즈이분 사시이레타카라나)
- ありがたいな(아리가타이나) → ありがとうございます아리가토-고자이마스=
  ありがたい아리가타이+ございます고자이마스)
- まちのなかまたちというのは(町の仲間たちというのは 마치노 나카마타치 토이우노와)
- なんでこんなことに.(난데 콘나코토니)...
- おめでとう(오메데토-). → (お)めでとうございます(오)메데토-고자이마스=
  (お)めでたい(오)메데타이+ございます고자이마스
- あまみやくん、すっかりゆうめいじんだね(雨宮君、すっかり有名人だね 아마미먀쿵, 슷

카리 유-메진다네)。

- こまること、ないでしょう(困ること、無いでしょう 코마루코토 나이데쇼-)。
- こんなくらいごじせいなんだから(こんな暗いご時世なんだから 콘나 쿠라이 고지세-난다카라)
- あかるいはなしがない(明るい話がない 아카루이 하나시가 나이)。

6-4-3 일본문화

おつかれさま(お疲れ様 오츠카레사마)[46] vs ごくろうさま(ご苦労様 고쿠로사마)

ごしゅうぎぶくろ(ご祝儀袋 고슈-기부쿠로)＝ごしゅうぎ(고슈-기)＋ふくろ(袋 후쿠로)[47]

ぶつだん(仏壇 부츠당) 집안 작은 불당:
사진 + 향로 + おりん(お鈴오링)+ りんぼう(鈴棒 린보-) 등, 집안 일 보고 및 기도

6-4-4 퀴즈

1) 다음 중 성격이 다소 다른 お(오)는?
① おめでとう(오메데토-)
② おつかれ(お疲れ오츠카레)
③ おまえ(お前 오마에)
④ おやすみ(お休み 오야스미)

2) 다음 중 ( )에 공통으로 들어갈 수 있는 것은?
しょうかいしてね、かのじょの( ) [紹介してね、彼女の( ) 쇼-카이시테네, 카노죠노( )]。
こまる ( )、ないでしょう [困る( )、無いでしょう 코마루( ), 나이데쇼-]。
① こと(코토)

---

46 1과의 おつかれさまでございました(お疲れ様でございました 오츠카레사마데 고자이마시타)는 최상의 겸양표현이다.

47 축의금 봉투를 장식하는 끈은 '미즈히키(水引 みずひき)'라 한다.

② もの(모노)
③ お(오)
④ を(오)

제7주차 婚かつ(콘카츠) 3
결혼활동

7-1 학습목표

1) 전화 시 표현

もしもし(모시모시)

부서명, 이름(성)です: しょうしかたいさくかです(少子化対策課です 쇼-시카타이사쿠카데스)

あまみやです(雨宮です 아마미야데스)

2) 인사말

こんにちは(今日は 콘니치와)[48]

cf. 「こんにちはくちょうです(こんにちは区長です콘니치와 쿠쵸-데스)」：프로그램 명

3) 동사 가능표현

を(오)	~[u]	→	**が(가)**	~[e] + **る(루)**
	とる(取る 토루)			とれる(取れる 토레루)
	~[i/e]る			**~[i/e] ~~る~~ + られる(라레루)**[49]

48 'こんにちは(今日は)'는 원래 'こんにち(今日)はごきげん(機嫌)いかがですか(오늘은 기분이 어떠십니까?)' 등의 인사가 줄어서 만들어진 인사말이다. 따라서 'は'는 한국어 '은/는'에 해당되는 조사로, 옛날 일본어 문법이 아직도 남아 있는 몇 안 되는 경우이다. 옛날 일본어의 경우 'は'는 단어 중간(어중 語中)이나 마지막(어미 語尾)에 사용되면 [ha]로 발음하지 않고 [wa]로 발음하는 법칙이 있었는데, 그것이 아직도 현대어에 유지되어 온 사례이다.

49 5과의 수동표현의 경우와 동일하다, 즉 ~[i/e]る형 동사의 경우는 ~[i/e]られる(라레루) 표현이 가능, 수동, 자발, 존경의 4가지 의미로 사용될 수 있다.

たべる(食べる 타베루)　　　　　　たべられる(食べられる 타베라레루)

4) ような(요-나)+명사 ← ようだ(요-다) 사전형

- 예시 あなたのようなひと(あなたのような人 아나타노 요-나 히토)
- 비유 にんぎょうのようなひと(人形のような人 닌교-노 요-나 히토)

5) ～ています(테 이마스) ← いる(이루)

かんしゃしています(感謝しています 칸샤시테이마스)

6) ～ております(테 오리마스) ← おる(오루)

かんしゃしております(感謝しております 칸샤시테오리마스)。

7) 비하/불만 표현 なんか(난카) , なんて(난테)

- なんか(난카) : 단어+ なんか(난카)

  こんかつなんか、ぜったいむりだもん(婚活つなんか、絶対無理だもん 콘카츠난카, 젯타이 무리다몽)。

- なんて(난테) : 단어 + なんて(난테)

  けっこんなんて、しゅうしょくのいっかんといえばいっかんのわけじゃん(結婚なんて、就職の一環といえば一環の訳じゃん 켓콧난테 슈-쇼쿠노 잇칸토이에바 잇칸노 와케쟝)。

  うそをほんとうにするためのけっこんなんて(嘘を本当にする為の結婚なんて 우소오 혼토-니수루 타메니 켓콘난테)

8) 조사

- が(가) : 주어, 가능/선호표현의 대상

  わたしがとる(私が取る 와타시가 토루)。

  じかんがとれる(時間が取れる 지칸가 토레루)。

  にほんのどらまがすきです(日本のどらまが好きです 니혼노 도라마가 스키데스)。

- からの : から＋の＋명사

  くみんからのはんきょう(区民からの反響 쿠민카라노 한쿄-)

- で(데) : 수단, 방법 これでどうだろう(코레데 도-다로-)。

자격 しゅひんでけっこうよ(主賓で結構よ 쥬힌데 켓코-요)。

9) 종조사

- かしら(카시라) : 의문 いつかしら
- もん(몽) : 이유, 문장 + もん(몽) ← もの(모노)

  ほんとうだったら、もうけっこんしてるもんね(本当だったら、もう結婚してるもんね 혼토-닷타라, 모- 켓콘시테루몬네)。

  こんかつなんか、ぜったいむりだもん(婚活なんか、絶対無理だもん 콘카츠난카, 젯타이 무리다몽)。
- な(나)↗ : 확인
- わよね(와요네) : 부드러움+ 강압적 강조+ 확인/다짐

  それはもうきまってるわよね(それはもう決まってるわよね 소레와 모- 키맛테루와요네)。

10) 퀴즈

A. 다음 중 が(가)의 용법이 아닌 것은?

① 주격 조사

② 가능표현시 대상

③ 선호표현시 대상

④ 의문 조사

B. 다음 ( ) 중 で(데)가 가장 자연스러운 것은?

① これ( )どうだろう。
코레( ) 도-다로-.

② くみんから ( ) はんきょう
쿠민카라( ) 한쿄-

③ ( )けっこんしてるんです。
( ) 켓콘시테룬데스.

④ こんかつ( )、ぜったいむりだ。
콘카츠( ), 젯타이 무리다.

7-2 드라마소개

제목 결혼활동(총 11화 중 1화: 최고 시청률)

제작회사 Fuji TV계

등장인물 雨宮 邦之 (あまみや くにゆき 아마미야 쿠니유키) : 하루미(春見)구청 임시직원
飛田 春乃 (とびた はるの 토비타 하루노) : 쿠니유키 친구, とんくに톤쿠니 알바생
深澤 茂 (ふかさわ しげる 후카사와 시게루) : 쿠니유키 친구, 술 매점 경영
雨宮 邦夫 (あまみや くにお 아마미야 쿠니오) : 쿠니유키의 부친, とんくに톤쿠니 경영
桜田 周五郎 (さくらだ しゅうごろう 사쿠라다 슈-고로-) : 하루미구청 임시직원
溝口 静子 (みぞぐち しずこ 미조구치 시즈코) : 하루미구청장, 저출산 대책강구
高倉 真琴 (たかくら まこと 타카쿠라 마코토) : 쿠니유키의 친구, Star Marriage 사장

7-3 드라마 I

7-3-1 어휘

- もしもし(모시모시)
- しょうしかたいさくか(少子化対策課 쇼-시카 타이사쿠카)
- くみん(区民 쿠밍)
- はんきょう(反響 한쿄-)
- すごい(凄い 수고이)[50]
- けっこん(結婚 켓콩)
- ひと(人 히토)
- さいよう(採用 사이요-)
- すばらしい(素晴らしい 수바라시-)
- かんしゃ(感謝 칸샤)
- しき(式 시키)
- いつ(이츠)
- 〜かしら(카시라)
- だいだいてき(大々[51]的 다이다이테키)
- はやく(早く 하야쿠) ← はやい(早い하야이)
- しんよう(信用 싱요-)
- かかわる(関わる 카카와루)
- しんようにかかわる(信用に関わる 신요-니 카카와루)
- いっかげつ(一ヶ月 잇카게츠)[52]
- ご(後 고)
- くらい(位 쿠라이)

---

50 凄: 쓸쓸할/찰 처

51 々는 일본어 표기법 중 하나로, 소위 'おどりじ(踊り字 오도리지)'라 하여 동일한 한자나 일본고유문자를 반복해서 써야 할 때 대신해서 사용한다. 모양이 일본 카타카나(片仮名)의 ノ(노)와 マ(마)가 합쳐진 모양과 닮았다고 하여 'のま(노마)'라 불리기도 한다.

52 一ヶ月(잇카게츠)의 카타카나 ヶ(케)는 숫자와 함께 사용될 경우 個/箇(개)를 의미하며, 발음은 か(카)로 한다. 따라서 일 개월(一個月)을 일본어에서는 いっかげつ(一ヶ月잇카게츠)로 표기한다. 참고로 지명 등의 고유명사의 경우는 が(가)로 발음하는 경우도 있다. 예)じゆうがおか(自由ヶ丘 지유-가오카)

- にかげつご(二ヶ月後 니카게츠고)
- わかった(分かった 와캇타) ← わかる(分かる 와카루)
- さんかげつご(三ヶ月後 산카게츠고)
- ちょうど(丁度 쵸-도)
- その(소노)
- ころ(頃 코로)
- じかん(時間 지캉)
- とれる(取れる 토레루) ← とる(取る 토루)
- なこうど(仲人 나코-도)[53]
- もう(모-)
- きまってる(決まってる키맛테루) ← きまっている(決まっている키맛테이루) ← きまる(決まる 키마루)
- たのしみ(楽しみ 타노시미) ← たのしむ(楽しむ타노시무)
- 〜にする(니수루)
- たのしみにする(楽しみにする 타노시미니수루)
- くるま(車 쿠루마)

7-3-2 문형

- くみんからのはんきょうがすごいのよ(区民からの反響がすごいのよ 쿠민카라노 한쿄-가 수고이노요)。
- よくやった(요쿠 얏타)。
- あなたのようなひとをさいようするなんて、すばらしい(あなたのような人を採用するなんて、素晴らしい 아나타노 요-나히토오 사이요-수루난테, 수바라시-)。
- かんしゃしております(感謝しております 칸샤시테오리마스)。
- しきはいつなのかしら(式はいつなのかしら 시키와 이츠나노카시라)。

---

53 자막에서는 "뭐하면 중매인도 세울래요?"로 되어 있지만 의미상 부자연스러운 해석이다, 왜냐하면 일본의 중매인은 비록 연애결혼이라 중매해 준 사람이 없더라도 결혼식을 거행하는 절차상 반드시 필요한 사람이기 때문이다. 마치 한국의 주례처럼 저명인이나 귀감이 될 만한 사람에게 부탁하는 관습이 있어서, 구청장은 "なんだったら、なこうども(なんだったら、仲人も 난닷타라, 나코-도모)"라고 중매인 역할도 자청한 것이다. 따라서 '필요하면 주례도?' 정도가 자연스러울 것이다.

- あれだけだいだいてきにいったのよ(あれだけ大々的に言ったのよ 아레다케 다이다이테키니 잇타노요)。
- わたしのしんようにもかかわります(私の信用にも関わります와타시노 싱요-니모 카카와리마스)。
- わかった(分かった 와캇타) vs わかりました(分かりました 와카리마시타)。
- じゃ、さんかげつごにはけっこんしきね(じゃ、三ヶ月後には結婚式ね 쟈, 산카게츠고니와 켓콘시키네)。
- よかった(良かった 요캇타)
- それはもうきまってる<u>わよね</u>(それはもう決まってるわよね 소레와 모- 키맛테루와요네)。
- じゃ、たのしみにしてるわね、けっこんしき(じゃ、楽しみにしてるわね、結婚式 쟈, 타노시미니 시테루와네, 켓콘시키)。

7-3-3 일본문화

전화 대응 : 직장(소속, 성), 집(성)+です(데스)/でございます(데고자이마스)
결혼식 : なこうど(仲人 나코-도)

7-3-4 퀴즈

1) 다음 중 전화시만 사용할 수 있는 표현은?
① すみません(수미마셍)
② もしもし(모시모시)
③ ありがとう(아리가토-)
④ どうも(도-모)

2) 다음 ( )에 적합한 말은?
しんようにも ( ) [信用にも ( ) 싱요-니모 ( )]。
① かしら(카시라)
② もう(모-)

③ わかった(分かった 와캇타)

④ かかわる(関わる 카카와루)

7-3 드라마 II

7-4-1 어휘

- うそ(噓 우소)
- うるさい(煩い 우루사이)
- そうとう(相当 소-토-)
- やばい(야바이)
- まつり(祭り 마츠리)
- さわぎ(騒ぎ 사와기)
- しんこん(新婚 신콩)
- ～よう(用 요-)
- ふとん(布団 후통)[54]
- いきる(生きる 이키루)
- きぼう(希望 기보-)
- おじさん(오지상)
- ごしゅうぎ(ご祝儀 고슈-기)
- もらう(모라우)
- もらった(모랏타)
- いじょう(以上 이죠-)
- よろこぶ(喜ぶ 요로코부)
- よろこんでいる(喜んでいる 요로콘데이루)
- ごめん(御免 고멩)
- こないだ(코나이다) ← このあいだ(この間 코노아이다)
- こんかつ(婚活 콘카츠)
- どうのこうの(도-노코-노)
- とりあえず(토리아에즈)
- だれか(誰か 다레카)
- みつける(見つける 미츠케루)

---

54 참고로 '방석'은 'ざぶとん(座布団 자부통)'이라고 한다.

- じじょう(事情 지죠-)
- はなす(話す 하나수)
- しばい(芝居 시바이)
- うつ(打つ 우츠)
- しばいをうつ(芝居を打つ 시바이오 우츠)
- だめ(다메) vs ため(為 타메)
- ぜったい(絶対 젯타이)
- まわりくどい(回りくどい 마와리쿠도이)
- ふつう(普通 후츠-)
- きほんてき(基本的 키혼테키)
- ぼうとく(冒涜 보-토쿠)
- ほんとう(本当 혼토-)
- ほんき(本気 혼키)[55]
- め(目 메)
- いやだ(嫌だ 이야다)
- いう(言う 이우)
- いってる(言ってる 잇테루)
- むり(無理 무리)

7-4-2 문형

- これはそうとうやばいって(これは相当やばいって 코레와 소-토 야바잇테)。
- あのおまつりさわぎだろ(あのお祭り騒ぎだろ 아노 오마츠리사와기다로)。↗
- おじさん、どんなにごしゅうぎもらった(おじさん、どんなにご祝儀もらった 오지상, 돈나니 고슈-기 모랏타)。↗
- どうするのよ(도-수루노요)。
- ごめん(御免 고멩) vs ごめんなさい(고멘나사이)

---

55 혼키(本気 혼키: 진심)의 반대말은 うわき(浮気 우와키: 일시적 들뜬 마음, 헛바람)인데, ふりん(不倫 후링: 불륜)보다는 다소 가벼운 표현이다.

- な、これでどうだろう(나, 코레데 도-다로-)。
- しばいをうつ(芝居を打つ 시바이오 우츠)[56]
- だめじゃんか(다메쟝카) ← だめじゃないか(다메쟈나이카)
- うそをほんとうにするためのけっこんなんて(嘘を本当にする為の結婚なんて 우소오 혼토-니수루 타메노 켓콘난테)
- きほんてきにけっこんをぼうとくしているよ(基本的に結婚を冒涜しているよ 키혼테키니 켓콩오 보-토쿠시테이루요)。
- めがいやだといってるよ(目が嫌だと言ってるよ 메가 이야다토 잇테루요)。
- こんかつなんか、ぜったいむりだもん(婚活なんか、絶対無理だもん 콘카츠난카, 젯타이 무리다몽)。

7-4-3 일본문화

결혼예복
もんつき(紋付 몬츠키) vs もーにんぐこーと(morning coat ← morning dress)

7-4-4 퀴즈

1) 다음 중 일본 결혼식에 꼭 필요하지 않은 것은?
① なこうど(仲人 나코-도)
② もんつき(紋付 몬츠키)
③ もーにんぐこーと(morning coat)
④ しばい(芝居 시바이)

2) 다음 중 ほんとう(本当 혼토-)와 유사한 의미를 나타내는 것는?
① ふつう(普通 후츠-)

---

56 しばいをする(芝居をする 시바이오 수루: 연기자가 연기를 하다) vs しばしをうつ(芝居を打つ 시바이오 우츠: 남을 속이기 위해 가짜로 꾸며서 연기를 하다)

② うそ(嘘 우소)
③ ほんき(本気 혼키)
④ ごめん(御免 고멩)

제8주차 복습

ドラマで学ぶ日本語

8-1 1주차

すみません(스미마셍)。 미안합니다.

おめでとうございます(오메데토-고자이마스)。축하드립니다.

よろしくおねがいもうしあげます(宜しお願いく申し上げます 요로시쿠 오네가이 모-시아게마스)。부탁 말씀 드립니다.

ありがとうございます(아리가토-고자이마스)。감사합니다.

わかってる(와캇테루)。알고 있다.

しんじてください(信じてください 신지테쿠다사이)。믿어주세요.

こまりました(困りました 코마리마시타)。곤란합니다.

じつは(実は 지츠와)～ 실은～

もちろん、よろこんで(勿論、喜んで 모치롱 요로콘데) 물론 기꺼이

わがよしつねじどうしゃ(我がよしつね自動車 와가 요시츠네 지도-샤) 저희 요시츠네자동차

わかりました(와카리마시타)。알았습니다.

よかったですね(요캇타데스네)。잘되었군요.

もういちど(もう一度 모-이치도) 한 번 더

やってない(얏테나이)。안했어.

かくにんしましょう(確認しましょう 카쿠닌시마쇼-)。 확인하지요.

ひがいしゃのほんださん(被害者の本田さん 히가이샤노 혼다상) 피해자인 혼다씨

どうせつめいするんですか(どう説明するんですか 도- 세츠메-수룬데스카)。어떻게 설명합니까?

しりませんよ(知りませんよ 시리마셍요)。모릅니다.

だれかが(誰かが 다레카가) 누군가가

いつ、どうやって(이츠, 도-얏테) 언제 어떻게

8-2 2주차

どなたですか(도나타데수카)。누구십니까?

べんごしのみやまです(弁護士の深山です 벤고시노 미야마데스)。미야마 변호사입니다.

よろしくおねがいします(よろしくお願いします 요로시쿠 오네가이시마스)。

잘 부탁드립니다.

かいにんって(解任って 카이닝ㅅ테)。해임이라니

では(데와)、こじまさん(小島さん 코지마상)。그럼 코지마씨

じゃ(쟈)、おおしまさん(大島さん 오-시마상)。쟈 오시마씨

まずは(先ずは 마즈와)〜 우선은〜

しつれいします(失礼します시츠레시마스) vs しつれいしました(失礼しました시츠레-시마시타)

실례합니다 실례했습니다

たのしみにしていますよ(楽しみにしていますよ 타노시미니 시테이마스요)。

기대하고 있겠습니다.

ききました(聞きました 키키마시타)。들었습니다.

かんけいないとおもいます(関係ないと思います 칸케-나이토 오모이마스)。

관계없다고 생각합니다.

まってください(待ってください 맛테 쿠다사이)。기다려주세요.

なんですか(何ですか 난데스카)。뭡니까?

きみ、てもちある(君、手持ちある 키미, 테모치 아루)？ 자네 갖고 있는 돈 있나?

しんしょちょうよりぜんしょちょうへはなたばのぞうていです(新所長より前所長へ花束の贈呈です 신쇼쵸요리 젠쇼쵸에 하나타바노 죠테-데스)。신임 소장님으로부터 전임 소장님께 꽃다발 증정입니다.

わたしよりながいな(私より長いな 와타시요리 나가이나)。나보다 길군.

おつかれ**さま**<u>でございました</u>(お疲れ様でございました 오츠카레사마데 고자이마시타)。

고생하셨습니다.

げんばだから(現場だから 겐바다카라)。현장이니까.

これはわたしのじけんだといったでしょう(これは私の事件だと言ったでしょう 코레와 와타시노 지켄다토 잇타데쇼-)。이것은 본인 사건이라고 말했지요?

もうおりるんですか(もう降りるんですか 모-오리룬데수카)。벌써 내려가는 것입니까?

まってくださいよ(待ってくださいよ 맛테 쿠다사이요)。기다려주세요.
どうも、**お**またせいたしました (どうも、お待たせいたしました 도-모 오마타세이타시마시타)。정말 오래 기다리셨습니다.
ありがとうございます(아리가토- 고자이마스)。고맙습니다.
どうぞ、**ご**ゆっくり(도-조, 고윳쿠리)。부디 천천히
ここ**って**(코콧테) 여기란
いつもそれ、もちあるくんですか(いつもそれ、持ち歩くんですか 이츠모 소레, 모치아루쿤데스카)。늘 그것, 가지고 다닙니까?
ほんとうだ(本当だ 혼토다)。정말이다.
まわりにはだれもいませんよ(周りには誰もいませんよ 마와리니와 다레모 이마셍요)。주변에 누구도 없습니다.
かんけいがあるかないかは(関係があるか無いかは 칸케-가 아루카나이카와)～관계가 있는지 없는지는～
ぼくはただじじつがしりたいだけだから(僕は只事実が知りたいだけだから 보쿠와 타다지지츠가 시리타이 다케다카라)。나는 단지 사실을 알고 싶을 뿐이니까.

8-3 3주차

はやくたべないから(早く食べないから 하야쿠 타베나이카라) 빨리 먹지 않으니까.

いいから(良いから 이-카라) 괜찮으니까

とりました(取りました 토리마시타) 가져갔습니다.

きづかないわけがない(気づかない訳がない 키즈카나이 와케가 나이)。

눈치채지 않을 리가 없다.

さいげんする(再現する 사이겐수루) 재현하다.

さいげんしてみる(再現してみる 사이겐시테미루)。↗ 재현해볼래?

よういして(用意して 요-이시테) 준비해

これ、どうやってつけるの(코레 도-얏테 츠케루노)。↗ 이것 어떻게 붙이나?

こんなかんじか(こんな感じか 콘나칸지카)。이런 느낌인가.

だれのじけん(誰の事件 다레노 지켕)。↗ 누구의 사건?

わたしのじけんです(私の事件です 와타시노 지켕데스)。내 사건입니다.

どうぞ(도-조)。하세요.

こっちも(콧치모)。이쪽도

いくよ(行くよ 이쿠요)。가요.

ちょっとまってください(ちょっと待ってください 춋토 맛테 쿠다사이)。

조금만 기다려주세요.

うつってる(映ってる 우츳테루) 비춰지고 있다. 촬영되고 있다.

ただいま(只今 타다이마) 지금 막

あきらめなければみちはひらける(諦めなければ道は開ける 아키라메나케레바 미치와 히라케루)。포기하지 않으면 길은 열린다.

ひらいてました(開いてました 히라이테마시타)? 열려있었습니까?

ちゃんとやって(챵토 얏테)。제대로 해

すみません(수미마셍)。미안합니다.

わらってるの(笑ってるの와랏테루노)。웃고 있어?

なにいってるの(何言ってるの 나니, 잇테루노)。뭔 말 하고 있나.

8-4 4주차

じゃまだなあ(邪魔だなあ 쟈마다나-)。방해이군

このおとであしおとがきこえなかったんじゃないかな(この音で足音が聞こえなかったんじゃないかな 코노오토데 아시오토가 키코에나캇타 쟈나이카나)。이 소리로 발소리가 들리지 않았던 것은 아닐까?

ふつうでおいしい(普通で美味しい 후츠-데 우츠쿠시-) 보통이고 맛있어.

しゃちょうはただいまでんわちゅうですので(社長は只今電話中ですので 샤쵸-와 타다이마 뎅와츄-데스노데) 사장님은 지금 전화중이시라서

ずいぶんかお、ひろいんだね(ずいぶん顔広いんだね 즈이붕 카오 히로잉다네)。

상당히 발이 넓군요.

やっぱりそうだ(얏빠리 소-다)。역시 그래.

おそらくしんそうはそうだよ(おそらく真相はそうだよ 오소라쿠 신소-와 소-다요)。아마도 진상/진실은 그럴거야.

ほんださんのしたぎをおおしまさんのばっぐにいれた(本田さんの下着を大島さんのbagに入れた 혼다상노 시타기오 오-시마상노 밧구니 이레타)。혼다씨 속옷을 오-시마씨 가방에 넣었다.

ほんとうにはんにんじゃなかったんだ(本当に犯人じゃなかったんだ혼토-니한닌쟈나캇탕다)。정말로 범인이 아니었던 것이군.

そしするために(阻止するために 소시수루타메니) 저지하기 위해서

おまたせしました(お待たせしました 오마타세 시마시타)。오래 기다리셨습니다.

きゅうようができたんで、これで[57](急用ができたんで、これで 큐-요-가데키탄데, 코레데)。급한 용무가 생겨서 이제 그만.

しつれいします(失礼します 시츠레시마스)。실례하겠습니다.

なにしにきたんだよ(何しに来たんだよ 나니시니 키탕다요)。뭐 하러 온 것인가?

せーふじゃないよ(safeじゃないよ 세-후쟈나이요)。세이프가 아니지.

---

57 헤어질 때 주로 사용되는 これでしつれいします(これで失礼します 코레데 시츠레시마스= 이제 그만 실례하겠습니다)" 의 생략된 표현이므로, 자막의 "급한 용무가 생겨서 이걸로" 보다는 "급한 용무가 생겨서 이제 그만..." 이 더 자연스럽다.

8-5 5주차

またきょうもだめだったんだ(また今日も駄目だったんだ 마타 쿄-모 다메닷탕다)。
또 오늘도 안됐군(실패였군).
くうか、とんかつ(食うか、豚かつ 쿠-카 톤카츠)。먹을래 돈가스?
とんかつやのせがれ(豚かつ屋のせがれ 톤카츠야노 세가레) 돈가스 집 아들
とんかつ、きらいだなんて((豚かつ、嫌いだなんて 톤카츠 키라이다난테)。돈가스, 싫어하다니
なさけないなあ(情けないなあ 나사케나이나-)。한심하군
だめ**な**ものはだめなんだから(駄目なものは駄目なんだから, 다메나모노와 다메난다카라)。안 되는 것은 안 되니까.
どうすればいいんだろうね(どうすれば良いんだろうね 도-수레바 이잉다로-네)。
어떻게 하면 좋을지.
みせ、やれよ(店、やれよ 미세 야레요)。가게 (맡아서)해라.
いただきます(이타다키마스)。 잘 먹겠습니다.
はるのちゃんのたべっぷりもさいこう(春乃ちゃんの食べっぷりも最高 하루노짱노 타벳뿌리모 사이코-)。하루노 먹는 모습도 최고
やくしんのときをめざすためにも(躍進の時を目指すためにも 야쿠신노토키오 메자수타메니모) 약진하던 때를 목표로 삼기 위해서라도
くにによるこようそくしん(国による雇用促進 쿠니니요루 코요-소쿠싱) 국가에 의한 고용촉진
なんにんかさいようしてちょうだい(何人か採用して頂戴 난닌카 사이요시테 쵸다이)
몇 명쯤 채용해 주게.
よかったよね(요캇타요네) 잘 되었군.
そのめもちょうのおかげだよ(そのmemo帳のお陰だよ 소노 메모쵸-노 오카게다요)。
그 메모장 덕분이야.
まただめだったの(また駄目だったの 마타 다메닷타노)。또 안 됐어(떨어졌어)?
はらだつ(腹立つ 하라다츠) 화난다.
いっぱいでさーびすするから(一杯でserviceするから 잇빠이데 사-비스수루카라)
한 잔 서비스할 테니까.
だいじょうぶかよ(大丈夫かよ 다이죠-부카요)。괜찮아?

そんなおちこむなって(そんな落ち込むなって 손나니 오치코무낫테)。

그렇게 기죽지 말라니까.

くにひこくんみたいに(邦彦君みたいに 쿠니히코쿤 미타이니) 쿠니히코씨 처럼

まあ、なんとか(마- 난토카)。 뭐 그럭저럭

おまえもがんばれって(お前も頑張れって 오마에모 간바렛테) 너도 힘 내구.

そんなあいているの(そんな相手いるの 손나 아이테 이루노)。그런 상대 있어?

まじでだれだよ(마지데 다레다요)。정말 누구야?

けっこんなんて、しゅうしょくのいっかんといえばいっかんのわけじゃん(結婚なんて、就職の一環といえば一環のわけじゃん 켓콧난테 슈-쇼쿠노 잇칸토이에바 잇칸노 와케쟝)。

결혼 따위 취칙의 일환이라면 일환인 것이지.

ゆめがひろがるね(夢が広がるね 유메가 히로가루네)。꿈이 펼쳐지는군

もってきて(持ってきて 못테키테) 가지고 와

きゃべつばかりたべているそうしょくけいだんし(cabbageばかり食べている草食系男子 캬베츠바카리 타베테이루 소-쇼쿠케-단시) 양배추만 먹는 초식계 남자

おれはしたいなあ、けっこん(俺はしたいなあ、結婚 오레와 시타이나- 켓콩)。

나는 하고 싶네, 결혼.

わたしはしゅうしょくしたい(私は就職したい 와타시와 슈-쇼쿠시타이)。

나는 취직하고 싶어.

8-6 6주차

おたくももしかしてきょうから(お宅ももしかして今日から 오타쿠모 모시카시테 쿄-카라)。당신도 혹시 오늘부터
りんじしょくいんだろうがなんだろうが(臨時職員だろうが何だろうが
린지쇼쿠잉다로-가 난다로-가) 임시직원이든 뭐든
しごとがみつかって(仕事が見つかって 시고토가 미츠캇테) 일이 생겨서(일을 찾게 되어)
あっ、あなた、めんせつのときの(あっ、あなた、面接の時の 앗, 아나타, 멘세츠노 토키노) 앗 당신 면접 때

こんどちゃんとしょうかいしてね(今度ちゃんと紹介してね 콘도 챤토 쇼-카이시테네)
이번에 제대로 소개해줘.
おやすみ(오야스미) 잘자
けっこんなんかどうでもいいなんて、うそばっかり(結婚なんかどうでも良いなんて、嘘ばっかり 켓콘난카 도-데모 이이난테, 우소밧카리) 결혼 따위 상관없다고 하더니 거짓말뿐.
おつかれ(お疲れ 오츠카레) 수고
おまえのために、さけ、ずいぶんさしいれたからな(お前のために、酒、随分差し入れたからな 오마에노 타메니 사케, 즈이분 사시이레타카라나) 너를 위해 술, 충분히 보내주었으니까.
まちのなかまたちというのは(町の仲間たちというのは 마치노 나카마타치 토이우노와)
동네 친구들이란.
なんでこんなことに.(난데 콘나코토니)... 대체 왜 이런일이...
あまみやくん、すっかりゆうめいじんだね(雨宮君、すっかり有名人だね 아마미먀쿵, 슷카리 유-메진다네)。아마미야, 완전히 유명인이군.
こまること、ないでしょう(困ること、無いでしょう 코마루코토 나이데쇼-)。
곤란한 일 없겠지요.
こんなくらいごじせいなんだから(こんな暗いご時世なんだから 콘나 쿠라이 고지세-난다카라) 이렇게 어두운 세상이니까
あかるいはなしがない(明るい話がない 아카루이 하나시가 나이)。밝은 이야기(거리)가 없어.

8-7 7주차

くみんからのはんきょうがすごいのよ(区民からの反響がすごいのよ 쿠민카라노 한쿄-가 수고이노요)。구의 지역민 반응이 대단해요.
あなたのようなひとをさいようするなんて、すばらしい(あなたのような人を採用するなんて、素晴らしい 아나타노 요-나히토오 사이요-수루난테, 수바라시-)。당신 같은 사람을 채용하다니 멋지지.
かんしゃしております(感謝しております 칸샤시테오리마스)。감사하고 있습니다.
しきはいつなのかしら(式はいつなのかしら 시키와 이츠나노카시라)。식은 언제일까?
あれだけだいだいてきにいったのよ(あれだけ大々的に言ったのよ 아레다케 다이다이테키니 잇타노요)。그만큼 대대적으로 말했지.
わたしのしんようにもかかわります(私の信用にも関わります와타시노 싱요-니모 카카와리마스)。내 신용과도 연관되어 있습니다.
じゃ、さんかげつごにはけっこんしきね(じゃ、三ヶ月後には結婚式ね 쟈, 산카게츠고니와 켓콘시키네)。자 그럼 3개월 후에는 결혼식이군.
それはもうきまってる<u>わよね</u>(それはもう決まってるわよね 소레와 모- 키맛테루와요네)。그것은 벌써 정해져 있겠죠.
じゃ、たのしみにしてるわね、けっこんしき(じゃ、楽しみにしてるわね、結婚式 쟈, 타노시미니 시테루와네, 켓콘시키)。자 기대하고 있죠, 결혼식.

これはそうとうやばいって(これは相当やばいって 코레와 소-토 야바잇테)。
이것은 상당히 위험하다니까.
あのおまつりさわぎだろ(あのお祭り騒ぎだろ 아노 오마츠리사와기다로)。↗
저런 축제 분위기잖아.
おじさん、どんなにごしゅうぎもらった(おじさん、どんなにご祝儀もらった
오지상, 돈나니 고슈-기 모랏타)。↗ 아저씨, 얼마나 많이 축하금 받았게
どうするのよ(도-수루노요)。어떻게 해.
な、これでどうだろう(나, 코레데 도-다로-)。있잖아, 이러면 어떨까?
しばいをうつ(芝居を打つ 시바이오 우츠)[58] 연극을 한다.

---

58 しばいをする(芝居をする 시바이오 수루: 연기자가 연기를 하다) vs しばしをうつ(芝居を打つ 시바이오 우츠: 남을 속이기 위해 가짜로 꾸며서 연기를 하다)

うそをほんとうにするためのけっこんなんて(嘘を本当にする為の結婚なんて 우소오 혼토-니수루 타메노 켓콘난테) 거짓말을 진짜로 만들기 위한 결혼이라니

きほんてきにけっこんをぼうとくしているよ(基本的に結婚を冒涜しているよ 키혼테키니 켓콩오 보-토쿠시테이루요)。기본적으로 결혼을 모독하고 있어.

めがいやだといってるよ(目が嫌だと言ってるよ 메가 이야다토 잇테루요)。

눈이 싫다고 말하고 있군.

こんかつなんか、ぜったいむりだもん(婚活なんか、絶対無理だもん 콘카츠난카, 젯타이 무리다몽)。결혼준비활동 따위 절대로 무리라니까.

제9주차

婚かつ(콘카츠) 4

결혼활동

9-1 학습목표

1) 회의 모임 시 표현

みなさん、ようこそ、すたーまりっじのであいのぱーてぃーへ

(皆さん、ようこそ、star marriageの出会いのpartyへ 미나상 요-코소 스타- 마릿지노 데아이노 빠-티-에)！

それでは、みなさん、せきにおつきください(それでは、皆さん、席にお着きください 소레데와, 미나상、세키니 오츠키 쿠다사이)。

2) 동사 정중 표현(ます형)

- ～[u]	**～[i]＋ます(마스)**
はなす(話す 하나수)	はなします(話します 하나시마스)
つく(着く 츠쿠)	つきます(着きます 츠키마스)
- ～[i/e]る	**～[i/e] る ＋ます(마스)**
たべる(食べる 타베루)	たべます(食べます 타베마스)
おくれる(遅れる 오쿠레루)	おくれます(遅れます오쿠레마스)

3) 동사 존대 표현

- 공식화 **お + ます형 + ください**

おはなしください(お話しください 오하나시 쿠다사이)

おつきください(お着きください 오츠키 쿠다사이)

おたべください(お食べください 오타베 쿠다사이)[59]

- 개별화

する します → なさる なさいます

수루 시마스 나사루 나사이마스

4) 동사의 완료/아쉬움 표현

～[i/e]る **～[i/e] ~~る~~ + ちゃった(챳타)**[60]

わかれる(別れる 와카레루) わかれちゃった(別れちゃった 와카레챳타)

5) 동사 의지(1인칭)/권유 표현

- ～[u] **～[o] + う[오]**

はなす(話す 하나수) はなそう(話そう 하나소-)

つく(着く 츠쿠) つこう(着こう 츠코-)

つかむ(掴む 츠카무) つかもう(掴もう 츠카모-)

- ～[i/e]る **～[i/e] ~~る~~ + よう(요-)**

たべる(食べる 타베에루) たべよう(食べよう 타베요-)

わかれる(別れる 와카레루) わかれよう(別れよう 와카레요-)

6) ～に なる(니 나루)

- ～이/가 되다 ~~が~~ に＋なる

べんごしになる(弁護士になる 벤고시니 나루)

- な 형용사의 부사화 幸せ**な**＋명사 →幸せ**に** ＋ 동사

しあわせになる(幸せになる 시아와세니 나루)

7) ~ い(이) 형용사

- 부사화

~ い + 명사 → ~~~い~~ く(쿠) + 동사

59 たべる(食べる타베루)의 전형적인 존대표현인 めしあがる(召し上がる메시아가루: 드시다) 보다는 존대감이 다소 떨어진다.

60 ちゃった(챳타)는 ～てしまう(테시마우=～해버리다)의 과거형인 ～てしまった(테시맛타＝～해버렸다)의 줄임말이다.

あたらしいひと(新しい人아타라시-히토)

あたらしくできた(新しく出来た아타라시쿠데키타)

はやいとき(早い時하야이토키)　　はやくたべない(早くたべない하야쿠타베나이)

- 부정화

~い → **~~~い~~ く(쿠) + ない(나이)**

わるい(悪い 와루이) → わるくない(悪くない 와루쿠나이)

ほしい(欲しい 호시-) → ほしくない(欲しくない 호시쿠나이)

8) 조사

- へ[e](에)[61] : 방향 つぎからづぎへ(次から次へ 츠기카라 츠기에)
- で(데) : 숫자+ 범위 にふんで(二分で 니훈데)
- が(가) : 이해, 능력 ひとのなにがわかるの(人の何が分かるの 히토노나니가 와카루노)
- し(시): 나열 しんけんにもなるしどんよくにもなる(真剣にもなるし貪欲にもなる 신켄니모 나루시 돈요쿠니모 나루)。

9) 종조사

ね(네): 상대에게 확인 よろしいですね(宜しいですね 요로시-데스네)。
이야기 연결용 あのね、くに(아노네, 쿠니) ~

10) 시간 읽는 법

いちじ(一時 이치지) にじ(二時 니지) さんじ(三時 산지) なんじ(何時 난지)

いっぷん(一分 잇뿡) にふん(二分 니훙) さんぷん(三分 삼뿡) なんぷん(何分 남뿡)

いちびょう(一秒 이치뵤-) にびょう(二秒 니뵤-) さんびょう(三秒 삼뵤-) なんびょう何秒남뵤-)

---

61 は(와)'와 동일하게 옛날 일본어 문법 법칙이 아직도 그대로 남아 있는 몇 안 되는 경우로, [he]로 쓰고 [e]로 읽는다. 옛날 일본어의 경우 단어 중간(어중 語中)이나 마지막(어미 語尾)에 사용되는 [h] 발음은 약화되어 [w]로 발음하는 법칙이 있었는데, 그런 특성이 현대어에서도 조사로 사용될 경우에 한해 그대로 유지되어 온 것이다.

11) 퀴즈

A. 다음 중 ( )에 적당한 것은?

ひとのなに( )わかる [人の何( )分かる 히토노 나니( )와카루]。

① を(오)

② へ(에)

③ が(가)

④ の(노)

B. 다음 중 정중도가 가장 다른 것은?

① おはなしください(お話しください 오하나시 쿠다사이)

② おつきください(お着きください 오츠키 쿠다사이)

③ おたべください(お食べください 오타베 쿠다사이)

④ まってください(待ってください 맛테 쿠다사이)

9-2 드라마소개

제목 결혼활동(총 11화 중 1화: 최고 시청률)

제작회사 Fuji TV계

등장인물 雨宮 邦之 (あまみや くにゆき 아마미야 쿠니유키) : 하루미(春見)구청 임시직원
飛田 春乃 (とびた はるの 토비타 하루노) : 쿠니유키 친구, とんくに톤쿠니 알바생
深澤 茂 (ふかさわ しげる 후카사와 시게루) : 쿠니유키 친구, 술 매점 경영
雨宮 邦夫 (あまみや くにお 아마미야 쿠니오) : 쿠니유키의 부친, とんくに톤쿠니 경영
桜田 周五郎 (さくらだ しゅうごろう 사쿠라다 슈-고로-) : 하루미구청 임시직원
溝口 静子 (みぞぐち しずこ 미조구치 시즈코) : 하루미구청장, 저출산 대책강구
高倉 真琴 (たかくら まこと 타카쿠라 마코토) : 쿠니유키의 친구, Star Marriage 사장

9-3 드라마 I

9-3-1 어휘

- みなさん(皆さん 미나상)
- ようこそ～へ(요-코소～에)[62]
- ～こそ(코소)
- すたー(star 스타-)
- まりっじ(marriage 마릿지)
- であい(出会い 데아이)
- それでは(소레데와) vs それじゃ(쟈) vs じゃ(쟈)
- まず(先ず 마즈)
- にふんかん(二分間 니훈캉)
- あぴーる(appeal 아삐-루)
- たいむ(time 타이무)
- おせき(お席 오세키)
- つく(着く 츠쿠)
- せきにつく(席に着く 세키니 츠쿠)
- ごじぶん(御自分 고지붕)
- ぷろふぃーる(profile 프로휘-루)
- かーど(card 카-도)
- め(目 메)
- まえ(前 마에)
- かた(方 카타)
- こうかん(交換 코-캉)
- はなす(話す 하나수)
- おたがい(お互い 오타가이)
- だんせい(男性 단세-)

---

62 ようこそ(요-코소)는 よく(요쿠)←よい(요이) +こそ(코소)의 음변화 형태로, 방문을 환영하고자 할 때 사용된다. 따라서 へ(에)와 함께 사용되는 특성이 있다.
예) ようこそいらっしゃいました(요-코소 이랏샤이마시타)、にほんへようこそ(日本へようそこ 니홍에 요-코소)

- ひとつ(一つ 히토츠)
- いどう(移動 이도-)
- よろしい(宜しい 요로시-) vs いい/よい(良い 이-/요이)
- しりあい(知り合い 시리아이)
- ごさんか(御参加 고산카)
- はじめて(初めて 하지메테)
- もの(者 모노) vs もの(物 모노)
- なんで(何で 난데)
- きこんしゃ(既婚者 키콘샤)
- ここ(코코)
- いる(居る 이루) vs ある（有る/在る 아루)
- けっこん(結婚 켓콩)
- あいて(相手 아이테)
- なさる(나사루) vs する(수루)
- なさいました(나사이마시타) ← なさる(나사루)

9-3-2 문형

- みなさん、ようこそ、すたーまりっじのであいのぱーてぃーへ！
- (皆さん、ようこそ、star marriageの出会いのpartyへ 미나상 요-코소 스타- 마릿지노 빠-티-에)！
- まずは、にふんかんのあぴーるたいむです(まずは、二分間のappeal timeです 마즈와 니훈칸노 아삐-루 타이무데스)。
- にふんかん**お**はなしください(二分間お話しください 니훈칸 오하나시 쿠다사이)。
- だんせいはひとつせきをいどうします(男性は一つ席を移動します 단세-와 히토츠 세키오 이도-시마스)。
- よろしいですね(宜しいですね 요로시-데스네)。
- それではみなさん、せきに**お**つきください(それではみなさん、席にお着きください 소레데와 미나상 세키니 오츠키쿠다사이)。
- すみません、おくれました(すみません、遅れました 수미마셍, 오쿠레마시타)。

- ごさんかのかたですか(御参加の方ですか 고산카노 카타데스카)。
- はじめてなもので(初めてなもので 하지메테나 모노데)
- さくらださんこそ、きこんしゃがなんでここにいるんですか(桜田さんこそ、既婚者がなんでここにいるんですか 사쿠라다상코소, 키콘샤가 난데 코코니 이룬데수카)。
- どうかなさいました(도-카 나사이마시타)。 vs どうかしました(도-카시마시타)。
- なんでもありません(난데모 아리마셍)。 ↔ ～である(데아루)/だ(다)/です(데스)

9-3-3 일본문화

ごうこん(合こん 고-콩) : ごうどうこんぱ(고-도-콘파 = 合同 + company 의 약자)
만남 주선의 상업화

9-3-4 퀴즈

1) 다음 중 なんでもありません(난데모 아리마셍)의 의미로 옳은 것은?
① 아무것도 없습니다.
② 아무것도 아닙니다.
③ 무엇이 없습니까?
④ 무엇인가 있지 않을까요?.

2) 다음 ( )에 적당한 것은?
みなさん、( )、すたーまりっじのであいのぱーてぃーへ！
[皆さん、( )、star marriageの出会いのpartyへ
미나상 ( ) 스타- 마릿지노 데아이노 빠-티-에]！
① よく(요쿠)
② よし(요시)
③ よくこそ(요쿠코소)
④ ようこそ(요-코소)

9-4 드라마 II

9-4-1 어휘

- おとうさん(お父さん 오토-상)
- おかわり(お代わり 오카와리) ← かわる(代わる 카와루)[63]
- はじめて(初めて 하지메테)
- こんかつ(婚活 콘카츠)
- かお(顔 카오)
- さいん(sign 사잉)
- くび(首 쿠비)
- よこ(横 요코)
- ふる(振る 후루)
- ふった(振った 훗타)
- とき(時 토키)
- にふん(二分 니훙)
- ～ごと(고토)
- きかい(機械 키카이)
- ぐるぐる(구루구루) vs くるくる(쿠루쿠루)
- まわる(回る 마와루)
- あんまり(암마리) ← あまり(아마리)
- いい/よい(良い 이-/요이)
- かんじ(感じ 칸지)
- だいたい(大体 다이타이) 대강(n.), 도대체/본래(ad.)
- ひと(人히토) vs かた(方 카타) vs もの(者 모노)
- なに/なん(何 나니/낭)
- わかる(分かる 와카루)
- ほんとう(本当 혼토-)

---

63 かわる(카와루)는 変わる=바뀌다 替わる=바꾸다 換わる＝교환하다 代わる=대신/대체하다 등 다양한 의미가 있다. おかわり(お代わり오카오리)는 빈 잔이나 빈 공기를 꼭 채운 것으로 대체한다는 의미에서 '한 잔/그릇 더'란 의미로 해석된다.

- けっこん(結婚 켓콩)
- ～たい(타이)
- したい(시타이) ← する(수루)
- おもってる(思ってる 오못테루) ←おもっている(思っている오못테이루) ← おもう(思う오모우)
- なんぷん(何分 남뿡)
- たとえ(타토에): 설령(ad), 비유/예(n) ← たとえる(例える/喩える타토에루)
- なんびょう(何秒 남뵤-)
- ～だろうが(다로-가)： Aだろうが Bだろうが
- どりょく(努力 도료-쿠)
- つかむ(掴む 츠카무)[64]
- つかもう(掴もう 츠카모-)
- つぎ(次 츠기)
- はた(傍/側/端 하타)
- みる(見る 미루)
- はたからみる(傍から見る 하타카라 미루)
- とうじしゃ(当事者 토-지샤) cf. どうししゃだいがく(同志社大学 도-시샤 다이가쿠)[65]
- わるい(悪い 와루이)
- わるくない(悪くない 와루쿠나이)
- だから(다카라)
- しんけん(真剣 신켕)
- なる(成る 나루)
- どんよく(貪欲 돈요쿠)
- あたりまえ(当り前 아타리마에)
- はずかしい(恥ずかしい 하즈카시-)
- そういう(소-이우)
- ひと(人 히토)
- ため(為 타메)

---

64 掴 : 칠 괵

65 교토의 どうししゃだいがく(同志社大学 도-시샤 다이가쿠)에는 윤동주시인의 시비와 정지용시인의 시비도 세워져 있다.

- <u>ああ</u>いう(아-이우)
- ばしょ(場所 바쇼)
- ていきょうする(提供する 테-쿄-수루)
- いきる(生きる 이키루)
- いきている(生きている 이키테이루)
- いじょう(以上 이죠-)
- しあわせ(幸せ 시아와세)
- おくびょう(臆病 오쿠뵤-)
- ほしい(欲しい 호시-)
- ほしくない(欲しくない 호시쿠나이)
- わかれる(別れる 와카레루)
- わかれた(別れた 와카레타)
- わかれちゃった(別れちゃった 와카레챳타)
- ～けど

9-4-2 문형

- **お**とうさん、**お**かわり(お父さん、**お**代わり 오토-상, 오카와리)
- どうだった、はじめてのこんかつは(どうだった、初めての婚活は 도-닷타, 하지메테노 콘카츠하)?
- くび、よこにふったときのかおだ(首、横に振った時の顔だ쿠비, 요코니 훗타토키노 카오다)。
- あんまりいいかんじではないよね(あんまり良い感じではないよね 암마리이-칸지데와나이요네)。
- ほんとうにけっこんしたいとおもってる(本当に結婚したいと思ってる 혼토-니 켓콘시타이토 오못테루)。↗
- なんぷんだろうがたとえなんびょうだろうが(何分だろうがたとえ何秒だろうが 남뿡다로-가 타토에 난뵤-다로-가)
- なにかをつかもうとどりょくするの(何かを掴もうと努力するの 나니카오 츠카모-토 도료쿠수루노)
- づぎからづぎへ(次から次へ 츠기카라 츠기에)

- はたからみる(傍から見る 하타카라 미루)
- あのね、くに、けっこんってわるくないよ(あのね、邦、結婚って悪くないよ 아노네, 쿠니, 켓콘ㅅ테 와루쿠나이요)。
- だから、しんけんにもなるしどんよくにもなってあたりまえだとおもうんだよね (だから、真剣にもなるし貪欲にもなって当り前だと思うんだよね 다카라, 신켄니모 나루시 돈요쿠니모 낫테 아타리마에다토 오모운다요네)。
- それをはずかしいとおもっているひとはたしかにいて(それを恥ずかしいと思っている人は確かにいて 소레오 하즈카시-토오못테이루 히토와 타시카니 이테)
- そういうひとたちのために(そういう人たちの為に 소-이우히토타치노 타메니)
- わたしは、ああいうばしょをていきょうしたいとおもったのね (私は、ああいう場所を提供したいと思ったのね 와타시와, 아-이우 바쇼오 테-쿄-시타이토 오못타노네)。
- いきているいじょう、しあわせになることにおくびょうになってほしくない (生きている以上、幸せになることに臆病になってほしくない 이키테이루 이죠-, 시아와세니나루코토니 오쿠뵤-니 낫테호시쿠나이)。
- わたしはわかれちゃったけどね(私は別れちゃったけどね 와타시와 와카레챳타케도네)。

9-4-3 일본문화

やたい(屋台 야타이) : 빨간색 간판 글씨 おでん(오뎅)、
음식점 주인 호칭: おとうさん(お父さん 오토-상)
ますたー(master 마스터-) vs たいしょう(大将 타이쇼-) vs おかみ(女将 오카미)

9-4-4 퀴즈

1) 다음 중 해석이 잘못된 것은?
①とうじしゃ(当事者 토-지샤): 당사자
②だめ(駄目 다메): 안됨
③ため(為 타메): 위해
④おくびょう(臆病 오쿠뵤-): 역병

2) 다음 중 ほしい(欲しい 호시-)의 부정형은?
① ほしかった(欲しかった 호시캇타)
② ほしいです(欲しいです 호시이데스)
③ ほしくない(欲しくない 호시쿠나이)
④ ほしいなく(欲しいなく 호시이나쿠)

제10주차 Unlucky Girl 1

언럭키 걸

ドラマで学ぶ日本語

10-1 학습목표

1) 동사 조건표현

- ～[u]	**～[e]ば(바)**
いう(言う 이우)	いえば(言えば 이에바)
ある(有る 아루)	あれば(有れば 아레바)
- ～[i/e]る	**～[i/e] ~~る~~ ＋ れば(레바)**
みる(見る 미루)	みれば(見れば 미레바)
たべる(食べる 타베루)	たべれば(食べれば 타베레바)
こげる(焦げる 코게루)	こげれば(焦げれば 코게레바)
- する(수루)	**すれば(수레바)**
けっこんする(結婚する 켓콘수루)	けっこんすれば(結婚すれば 켓콘수레바)

2) ～하면 할수록 동사～ば(바)+동사 기본형/사전형+ ほど(호도)

あればあるほど(有れば有るほど 아레바 아루호도)

すればするほど(수레바 수루호도)

いえばいうほど(言えば言うほど 이에바 이우호도)

みればみるほど(見れば見るほど 미레바 미루호도)

3) 동사 가능표현

を(오)	→	**が(가)**
- ～[u]		**～[e] +る(루)**
いう(言う 이우)		いえる(言える 이에루)
- ～[i/e]る		**～[i/e] ~~る~~+られる(라레루)**[66]
たべる(食べる 바베루)		たべられる(食べられる 타베라레루)
- する(수루)		**できる**(出来る **데키루**)
さいようする(採用する 사이요-수루)		さいようできる(採用できる 사이요-데키루)

4) の(노) 의 다양한 용법

- 조사: 소유격, 동격, 명사+の+명사

  わたしのかばん(私のかばん 와타시노 카방)

  にほんごのせんせいのきむ(日本語の先生の金 니혼고노 센세-노 키무)

- 형식명사: 것, 문장/명사+ のだ(노다)=설명, 강조

문장+ ～のです(～노데스)	→	～んです(ㅇ데스) 회화체
あしたいくのですか。	→	あしたいくんですか
(明日行くのですか 아시타 이쿠노데스카)		(明日行くんですか 아시타 이쿤데스카)。
명사 + **なの**です(**～나노**데스)	→	**～なん**です(**난**데스) 회화체

  なん**な**んですか＝なん(何낭) + ~~の(노)~~**な(나)**+ の/んですか(노/ㅇ데스카)

  명사 명사

  ひとなんですか=ひと(人히토)+ ~~の(노)~~**な(나)**+ の/んですか(노/ㅇ데스카)

5) 동사 의지 표현

- ～[u]	**～[o] + う[오]**
なる(나루)	なろう(나로-)
つかむ(掴む 츠카무)	つかもう(掴もう 츠카모-)
- ～[i/e]る	**～[i/e] ~~る~~ + よう(요-)**

---

66 5과의 수동표현의 경우와 동일하다, 즉 ～[i/e]る형 동사의 경우는 ～[i/e]られる(라레루) 표현이 가능, 수동, 자발, 존경의 4가지 의미로 사용될 수 있다.

みる(見る 미루)　　　みよう(見よう 미요-)

たべる(食べる 타베루)　たべよう(食べよう 타베요-)

6) 동사 부정 표현(보통체, 반말)

- ～[u]　　　～[a] + ない(나이)

なる(나루)　　　ならない(나라나이)

つかむ(掴む 츠카무)　　　つかまない(掴まない 츠카마나이)

- ～[i/e]る　　　～[i/e] る + **ない(나이)**

いる(이루)　　　いない(이나이)

みる(見る 미루)　　　みない(見ない 미나이)

たべる(食べる 오에루)　たべない(食べない 타베나이)

7) って(ㅅ테)

- 단어(명사)+って(ㅅ테) : 정의

でも、こげてるものって、なんなんですかね(でも、焦げてる物って、何なんですかね 데모 코게테루모놋테 난난데스카네)。

いぶすきさんって(指宿さんって 이브사키상ㅅ테)

- 문장 + って(ㅅ테) : 전언

とちゅうでもさいようできるかもって(中途でも採用できるかもって 토츄-데모 사이요데키루 카못테)

cf. なんて(난테): 문장+なんて

けっこんなんかどうでもいいなんて、うそばっかり(結婚なんかどうでも良いなんて、嘘ばっかり 켓콘난카 도-데모 이이난테, 우소밧카리)。

8) 조사

- に(니): 장소, '- 움직임'[67]　げんかんには(玄関には 겐칸니와)～。

---

67 장소를 나타내는 で(데)는 ' + 움직임'의 경우에 사용된다. 즉 한국어 '에서'와 유사하게 주로 동작의 움직임이 행해지는 경우에 사용된다.

예) づんどうじょうでうんどうする(運動場で運動する 운도-죠데 운도-수루)。= 운동장에서 운동하다.

げんかんにおきものがある(玄関に置物がある 겐칸니 오키모노가 아루)。＝현관에 장식품이 있다.

추가 げんかんまっとにかんようしょくぶつ(玄関matに観葉植物 겐칸맛토니 캉요-쇼쿠부츠)。

관용적 ～に+ のる(乗る 노루) そうだんにのる(相談に乗る 소단니노루)

～に+ なる(나루) せんせいになる(先生になる 센세-니나루)

～に+ する(수루) ほんきにする(本気にする 혼키니수루)

- と(토): 인용 ～という(と言う 토이우) vs ～といえる(と言える 토이에루)

9) 퀴즈

A. 다음 중 부자연스러운 일본어는?

① せんせいになる(先生になる 센세-니나루)

② げんかんまっとにかんようしょくぶつ(玄関matに観葉植物 겐칸맛토니 칸요-쇼쿠부츠)

③ さいようできる(採用できる 사이요-데키루)

④ ひとんですか(人んですか 히통데스카)

B. 다음 중 そうだんにのる(相談に乗る 소단니노루)의 의미로 가장 타당한 것은?

① 상담에 응하다

② 상담하러 가다

③ 상담을 잘하다

④ 상담을 피하다

10-2 드라마소개

제목 언럭키 걸 Unlucky Girl

제작회사 読売TV

등장인물 福良幸 (ふくら さち 후쿠라 사치) : 복권 판매원

朝倉 (あさくら かおり 아사쿠라 카오리) : 프리랜서

桜田卓海 (さくらだ たくみ 사쿠라다 타쿠미) : 카오리의 애인, 무직

綾波樹 (あやなみ いつき 아야나미 이츠키) : 무직, 재취업 노력중

指宿恵徳 (いぶすき けいとく 이부스키 케-토쿠) : 변호사 겸 점술가

10-3 드라마 I

10-3-1 어휘

- げんかん(玄関 겐캉)
- えと(干支 에토)
- おきもの(置物 오키모노)
- べーじゅ(beige 베-쥬)
- はな(花 하나)
- がら(柄 가라)
- はながら(花柄 하나가라)
- まっと(mat 맛토)
- かんよう(観葉 캉요-)
- しょくぶつ(植物 쇼쿠부츠)
- ふうすいてき(風水的 후-수이테키)
- かんてん(観点 칸텡)
- から(카라)
- みる(見る 미루)
- みれば(見れば 미레바)
- かんぺき(完璧 캄뻬키)
- いう(言う 이우)
- いえる(言える 이에루)
- へや(部屋 헤야)
- かのじょ(彼女 카노죠)
- くらす(暮す 쿠라수)
- くらしている(暮している 쿠라시테 이루)
- くらしています(暮しています 쿠라시테 이마스)
- じゅうがつ(10月 쥬-가츠)
- よっか(４日 욧카)
- げつようび(月曜日 게츠요-비)
- きょう(今日 쿄-)

- ほし(星 호시)
- うらない(占い 우라나이 ← うらなう(占う 우라나우)
- ほしうらない(星占い 호시우라나이)
- だいいちい(第一位 다이이치이)
- やぎ(山羊 야기)
- ざ(座 자)
- やぎざ(山羊座 야기자)
- あなた(아나타)
- こげる(焦げる 코게루)[68]
- こげた(焦げた 코게타)
- もの(物 모노)
- よし(良し 요시) ← よい(良い 요이)
- でも(데모)
- ～って(ㅅ테)
- こげてる(焦げてる 코게테루) ← こげている(焦げている 코게테이루)
- こげてるものって(焦げてる物って 코게테루 모놋테)
- なん/なに(何 낭/나니)
- つぎ(次 츠기)
- おてんき(お天気 오텐키)
- こーなー(corner 코-나)

10-3-2 문형

- げんかんには、えとのおきもの(玄関には、干支の置物
- 겐칸니와 에토노 오키모노)、
- べーじゅのはながらのげんかんまっとにかんようしょくぶつ(beigeの花柄の玄関matに観葉植物 베-쥬노 하나가라노 겐칸맛토니 캉요-쇼쿠부츠)。
- ふうすいてきなかんてんからみれば(風水的な観点から見れば 후-수이테키나 칸텐카라 미

---

68 焦 : 탈 초

레바)、

- かんぺきともいえるこのへやに(完璧とも言えるこの部屋に 캄뻬키토모 이에루 코노 헤야니)
- かのじょ、ふくらさちは、くらしています(彼女、福良幸は暮しています 카노죠, 후쿠라 사치와 쿠라시테이마스)。
- きょうのほしうらない、だいいちいは(今日の星占い、第一位は 쿄-노 호시우라나이 다이이치이와)
- おめでとうございます(오메데토- 고자이마스)。
- やぎざのあなた(山羊座のあなた 야기자노 아나타)。
- いちいでこれです(一位で、これです 이치이데 코레데스)。[69]
- こげてあればこげてあるほどよし(焦げてあれば焦げてあるほど良し 코게테아레바 코게테아루호도 요시)。
- でも、こげてるものって、なんなんですかね(でも、焦げてる物って、何なんですかね 데모 코게테루모놋테 난난데스카네)。
- つぎはおてんきのこーなーです(次はお天気のcornerです 츠기와 오텐키노 코-나-데스)。

10-3-3 일본문화

えと(干支 에토) :

ねずみ、うし、とら、うさぎ、たつ、へび、うま、ひつじ、さる、とり、いぬ、いのしし
네주미, 우시, 토라, 우사기, 타츠, 헤비, 우마, 히츠지, 사루, 토리, 이누, 이노시시
쥐, 소, 호랑이, 토끼, 용, 뱀, 말, 양, 원숭이, 닭, 개, 돼지

TV 아침 방송: ほしうらない(星占い 호시우라나이)、てんきよほう(天気予報 텐키요호-)

69 これ(코레)란 의미상 그녀(사치)의 집안 여러 물건들이 떨어지고 넘어지며 엉망이 된 상황을 가리킨다. 따라서 자막의 "하루는 이겁니다" 보다는 "1위가 이 정도(모양)입니다."가 자연스러울 것 같다.

10-3-4 퀴즈

1) 일본의 띠를 나타내는 12 동물 중 한국과 다른 것은?

① ねずみ(네즈미)

② うし(우시)

③ いのしし(이노시시)

④ うま(우마)

2) 다음 중 ( )에 들어갈 수 있는 가장 자연스러운 것은?

ふうすいてきなかんてん( )みれば [風水的な観点( )見れば
후-수이테키나 칸텐( ) 미레바]

① の(노)

② が(가)

③ に(니)

④ から(카라)

10-4 드라마 II

10-4-1 어휘

- ぷろ(pro 쁘로) ← ぷろふぇっしょなる(professional 쁘롱휏쇼나루)
- うらないし(占い師 우라나이시) = うらない(占い 우라나이) + し(師시)
- なる(나루)
- なろう(나로-)
- たいへん(大変 타이헹)
- また(마타)
- くる(来る 쿠루)
- きた(来た 키타)
- つく(付く 츠쿠)
- ついている(츠이테이루) ↔ ついていない(츠이테이나이)
- ついてない(츠이테나이) ←. [うんが(運が운가)]ついてない(츠이테나이)
- やめる(止める 야메루)
- ほんじつ(本日 혼지츠)
- むきげん(無期限 무기겡)
- きゅうし(休止 큐-시)
- いたす(致す 이타수) vs する(수루)
- いたします(致します 이타시마스)
- とき(時 토키)
- はなし(話 하나시) ← はなす(話す하나수)
- はずみ(弾み 하즈미) ← はずむ(弾む하즈무)
- かいしゃ(会社 카이샤)
- こよう(雇用 코요-)
- ～とか(토카)
- けいやく(契約 케-야쿠)
- ほんとう(本当 혼토-)
- ふりーたー(freeter후리-타-)＝ふりー(free)＋あるばいたー(Arbeiter= ArbeitⒹ + er)
- ちゅうと(中途 츄-토-)

- さいようできる(採用できる 사이요-데키루) ← さいしょうする(採用する)
- ～かも(카모) ← かもしれない(かも知れない 카모시레나이)
- のみのば(飲みの場 노미노바)
- ～にする
- ほんき(本気 혼키)
- ほんきにする(本気にする 혼키니수루)
- しない(시나이) ← する(수루)
- いみ(意味 이미)
- わからない(分からない 와카라나이) ← わかる(分かる 와카루)
- わけ(訳 와케)
- しごと(仕事 시고토)
- こっち(콧치) ← こちら(코치라)
- じんせい(人生 진세-)
- かかる(카카루)
- そうだん(相談 소-당)
- のる(乗る 노루)
- そうだんにのる(相談に乗る 소-단니 노루)
- さそう(誘う 사소우)
- きらいな(嫌いな 키라이나)
- かお(顔 카오)
- いつざい(逸材 이츠자이)[70]

10-4-2 문형

- いぶすきさんって(指宿さんって 이부스키상ㅅ테)
- ぷろのうらないしになろうとおもいませんか(proの占い師になろうと思いませんか 쁘로노 우라나이시니 나로-토 오모이마센카)。

---

70 いつざし(逸材이츠자이)를 자막에서 단순 직역인 “일재”로 번역한 것은 부자연스럽다. ‘뛰어난/출중한 인재’의 의미이므로 ‘대물/물건’ ‘인재’ 등 자연스러운 한국어 표현을 찾아보면 좋을 것 같다.

- なんでもたいへんだろ(なんでも大変だろ 난데모 타이헨다로)。↗
- ついてないやつら(ついてない奴等 츠이테나이 야츠라)
- やめてください(止めてください 야메테 쿠다사이)。
- 「ほんじつよりむきげんきゅうしいたします(本日より無期限休止致します 혼지츠요리 무키겐 큐-시 이타시마스)」。
- ちょっとまってください(ちょっと待ってください 춋토 맛테 쿠다사이)。
- どういうことですか(도-이우코토데스카)。
- あのときははなしのはずみで(あの時は話の弾みで 아노토키와 하나시노 하즈미데)[71]
- あなたは、かいしゃのこようとかけいやくのはなしをはずみでするひとなんですか(あなたは、会社の雇用とか契約の話を弾みでする人なんですか 아나타와 카이샤노 코요토카 케-야쿠노하나시오 하즈미데 수루 히토난데스카)。
- ちゅうとでもさいようできるかもって(中途でも採用できるかもって 츄-토데모 사이요데키루카못테)。
- のみのばでのはなし、ほんきにしないでもらえますか(飲みの場での話、本気にしないでもらえますか 노미노바데노 하나시, 혼키니시나이데 모라에마스카)。
- いみ、わからない(意味、分からない 이미, 와카라나이)。
- そういうわけで、こんかい、すみません(そういう訳で、今回、すみません 소-이우와케데, 콘카이, 수미마셍)。
- しごとなんで(仕事なんで 시고토난데)、
- こっちはじんせい、かかってるんです(こっちは人生、かかってるんです 콧치와 진세-카캇테룬데스)。
- さそってくださいよ(誘ってくださいよ 사솟테 쿠다사이요)。
- きらいなかおじゃないんで(嫌いな顔じゃないんで 키라이나 카오쟈나인데)
- ごめんなさい(고멘나사이)。
- きたよ、いつざいが(来たよ、逸材が 키타요 이츠자이가)。

71 "はなしのはずみで(話の弾みで 하나시노 하즈미데)"는 자막에는 "이야기의 탄력으로"라고 번역되어 있지만, "이야기하다가 흥분해서/이야기하다보니 탄력 받아서/이야기하다보니 무심결에"라는 의미로 이해할 수 있겠다.

10-4-3 일본문화

きっさ(喫茶 킷사) れん(蓮 렌)[72]: かうんたーせき(counter席 카운타-세키),
てーぶるせき(table席 테-부루세키)

きょう(今日) vs ほんじつ(本日)

사죄표현: すみません(수미마셍) < ごめんなさい(고멘나사이)

10-4-4 퀴즈

1) 다음 중 ( )에 들어갈 수 있는 것은?
ちゅうとでもさいようできる( )って [中途でも採用できる( )って
츄-토데모 사이요데키루 ( )ㅅ테]。
① は(와)
② かも(카모)
③ を(오)
④ より(요리)

2) 다음 ( )에 공통으로 들어갈 수 있는 것은?
ほんき( )する: 혼키( )수루
そうだん ( ) のる: 소당( )노루
① が(가)
② に(니)
③ を(오)
④ か(카)

---

72 れん(蓮 렝)은 はす(蓮 하수)로도 읽는다. 한자는 크게 음독(音読)과 훈독(訓読), 즉 중국의 한자음과 유사한 발음으로 읽는 경우와 일본 고유의 발음으로 읽는 경우로 구분된다. れん(蓮 렝)은 음독이며 はす(蓮 하수)는 훈독인 것이다.

제11주차 Unlucky Girl 2

언럭키 걸

11-1 학습목표

1) 종업원 표현

いらっしゃいませ(이랏샤이마세)。

かしこまりました(카시코마리마시타)。

おきゃくさん(お客さん 오캬쿠상)

ありがとうございました(아리가토- 고자이마시타)。

2) 희망표현과 그 부정

- ～[u] — ～ **[i]+たい(타이)**

はたらく(働く 하타라쿠 — はたらきたい(働きたい 하타라키타이)

はたらきたくない(働きたくない하타라키타쿠나이)[73]

つかむ(掴む 츠카무) — つかみたい(掴みたい 츠카미타이)

つかみたくない(掴みたくない 츠카미타쿠나이)

- ～[i/e]る — ～[i/e] る + **たい(타이)**

わかれる(別れる 와카레루) — わかれたい(別れたい 와카레타이)

わかれたくない(別れたくない 와카레타쿠나이)

みる(見る 미루) — みたい(見たい 미타이)

みたくない(見たくない 미타쿠나이)

---

73 'い(이)형용사' 부정 표현과 동일한 방식으로 변화한다. 즉 働きたい＋ない → 働きた~~い~~ く + ない

- する(수루)	**したい(시타이)**
	したくない(시타쿠나이)

3) 수동 표현

- ～[u]	**～[a] + れる(레루)**
かく(書く 카쿠)	かかれる(書かれる 카카레루)
いう(言う 이우)	い(あ)われる(言われる 이와레루)
- ～[i/e]る	～[i/e] ~~る~~ + られる(라레루)
みる(見る 미루)	みられる(見られる미라레루)

4) だって(닷테)의 용법

- 명사 + だって(닷테) : 강조　예) おれだって(俺だって 오레닷테) vs おれは(오레와)
- 문장 + (だ)って(ㅅ테) : 전언　예) きょういくんだって(今日行くんだって 쿄-이쿤닷테)
- だって(닷테)、문장+から : 이유

  예) だって、きもちがだいじだから(気持ちが大事だから 키모치가 다이지다카라)。

5) 동사 의지 표현

- ～[u]	**～[o] + う[오]**
なる(나루)	なろう(나로-)
つかむ(掴む 츠카무)	つかもう(掴もう 츠카모-)
- ～[i/e]る	**～[i/e] ~~る~~ + よう(요-)**
みる(見る 미루)	みよう(見よう 미요-)
わかれる(別れる 와카레루)	わかれよう(別れよう 와카레요-)

6) 과거 경험 표현　동사과거형 た＋ことがある

やったことがある(얏타 코토가 아루)。

いったことがある(行ったことがある 잇타코토가 아루)

みたことがある(見たことがある 미타코토가 아루)。

たべたことがある(食べたことがある 타베타 코토가 아루)。

7) 조사

で(데) : 장소 くじうりばではたらく(くじ売り場で働く 쿠지우리바데 하타라쿠)。

ので(노데): 이유 あたらないので(当らないので 아타라나이노데)[74]

8) 종조사

さ(사) : 무책임, じかんたい、いっしょでさ(時間帯、一緒でさ 지칸타이, 잇쇼데사)

ね(네) : 주의 집중용, ね、たんじょうびにかってくれたくっしょんあるでしょう (ね、誕生日に買ってくれたcushionあるでしょう 네, 탄죠-비니 캇테쿠레타 쿳숑 아루데쇼-)。↗

ぜ(제) : 강한 주장, わかれようぜ(別れようぜ 와카레요-제)。

9) 퀴즈

A. 다음 ( )에 적당한 것은?

くじうりば( )はたらく[くじ売り場( )働く 쿠지우리바( ) 하타라쿠]

① に(니)

② を(오)

③ から(카라)

④ で(데)

B. 다음 중 "해본 적이 있다"에 해당하는 일본어는?

① やったことがある(얏타 코토가 아루)。

② みたことがある(見たことがある 미타 코토가 아루)。

③ たべたことがある(食べたことがある 타베타 코토가 아루)。

④ いったことがある(行ったことがある 잇타 코토가 아루)

---

74 문장+から(카라)와 유사.

11-2 드라마소개

제목 언럭키 걸 Unlucky Girl

제작회사 読売TV

등장인물 福良幸(ふくら さち 후쿠라 사치) : 복권 판매원
朝倉香(あさくら かおり 아사쿠라 카오리) : 프리랜서
桜田卓海(さくらだ たくみ 사쿠라다 타쿠미) : 카오리의 애인, 무직
綾波樹(あやなみ いつき 아야나미 이츠키) : 무직, 재취업 노력중
指宿恵徳(いぶすき けいとく 이부스키 케-토쿠) : 변호사 겸 점성가

11-3 드라마 I

11-3-1 어휘

- えっと(엣토): 생각 중
- もーにんぐ(morning 모-닝구)
- せっと(set 셋토)
- ひとつ(一つ 히토츠)
- とーすと(toast 토-수토)
- こげめ(焦げ目 코게메)[75] ← こげる(焦げる 코게루)
- つける(츠케루)
- もらう(모라우)
- もらいますか(모라이마스카)
- ぜったい(絶対 젯타이)
- うまく(우마쿠) ← うまい(우마이)+いく(行く 이쿠)
- いく(行く 이쿠)
- ぎんこう(銀行 깅코-)
- まいかい(毎回 마이카이)
- けいびいんさん(警備員さん 케-비인상)
- いなくなる(居なくなる 이나쿠나루) ←いない+なる ←いない(居ない이나이)←いる(居る 이루)
- じかんたい(時間帯 지칸타이)
- しょうがない(쇼-가나이)
- ばいと(바이토) ← あるばいと(ArbeitⒹ 아루바이토)
- くび(首 쿠비)
- くびになる(首になる 쿠비니나루)
- ～ちゃった(챳타) ← ～ちゃう(챠우)
- けっこう(結構 켓코-): 結構**な**(a)=いい(良い), とても(ad.)

---

75 め(目메)는 명사로 '눈, 시력' 등을 의미하기도 하지만, 단어에 붙어서(접미사) '번째' '그런 성질이나 경향을 띤"으로 해석된다.
예) さんにんめ(三人目 산닝메=3명 째), こげめ(焦げ目 코게메=약간 탄 경향이 있는)

- まえ(前 마에)
- いろいろ(色々 이로이로)
- かんがえる(考える 칸가에루)
- たんじょうび(誕生日 탄죠-비)
- かう(買う 카우)
- ちっちゃい(칫챠이) ← ちいさい(小さい 치이사이)
- くっしょん(cushion 쿳숑)
- ある(有る 아루)
- ～でしょう(데쇼-)。↘ vs ～でしょ(う)。↗
- やすい(安い 야수이)
- やすもの(安物 야수모노)
- いう(言う 이우)
- いわれる(言われる 이와레루)
- いわれた(言われた 이와레타)
- ～けど(케도) ← けれども(케레도모)
- へいきだ(平気だ 헤-키다)
- きもち(気持ち 키모치)
- だいじ(大事 다이지)
- ばんど(band 반도)
- かいさん(解散 카이상)
- つらい(辛い 츠라이) vs からい(辛い 카라이)
- しる(知る 시루)
- しっている(知っている 싯테이루)
- でも(데모)
- だから(다카라)
- はたらかない(働かない 하타라카나이) ← はたらく(働く 하타라쿠)
- ちがう(違う 치가우)
- わかれる(別れる 와카레루)
- わかれようか(別れようか 와카레요-카)
- むり(無理 무리)
- はずかしくない(恥ずかしくない 하즈카시쿠나이) ← はずかしい(恥ずかしい 하즈카시-)

- おきゃくさん(お客さん 오캬쿠상)
- きこえる(聞こえる 키코에루)
- ふりーたー(freeter 후리-타-) ← free + Arbeit(Ⓓ + er
- げんじつ(現実 겐지츠)
- とうひ(逃避 토-히)
- どきょう(度胸 도쿄-)
- いっしょ(一緒 잇쇼)
- いっしょにする(一緒にする 잇쇼니수루)
- いっしょにしない(一緒にしない 잇쇼니시나이)
- ぐち(愚痴 구치)
- ぐちをいう(愚痴を言う 구치오이우)
- ごうとう(強盗 고-토-)
- なんさい(何歳 난사이)
- げんき(元気 겐키)76
- おつり(お釣り 오츠리)
- だいじょうぶ(大丈夫 다이죠-부)

11-3-2 문형

- くびになる(首になる 쿠비니나루)
- ぜったいにうまくいくとおもうんだよね(絶対にうまく行くと思うんだよね 젯타이니 우마쿠 이쿠토 오모운다요네)。
- けいびいんさんがいなくなるじかんたい、いっしょでさ(警備員さんがいなくなる時間帯、一緒でさ 케-비인상가 이나쿠나루 지칸타이, 잇쇼데사)。
- そんなにはたらきたくないの(そんなに働きたくないの 손나니 하타라키타쿠나이노？
- しょうがないんじゃ(쇼-가나잉쟈)。
- ばいとくびになっちゃった(ばいと首になっちゃった 바이토 쿠비니낫챳타)。
- けっこうまえだよね(結構前だよね 켓코 마에다요네)。

---

76 자막에는 "건강하네'로 되어 있지만, 의미상 '혈기 넘치네' 정도가 적당할 것 같다.

- おれだって(俺だって 오레닷테)
- いろいろかんがえてるんだ(色々考えてるんだ 이로이로 칸가에테룬다)。
- ね、たんじょうびにかってくれたくっしょんあるでしょう(ね、誕生日に買ってくれたcushionあるでしょう 네, 탄죠-비니 캇테쿠레타 쿳숑 아루데쇼-)。↗
- やすもので、ごめんといわれたけど、ぜんぜんへいきだった(安物でごめんと言われたけど、全然、平気だった 야스모노데 고멘토 이와레타케도, 젠젠 헤-키닷타)。
- だって、きもちがだいじだから(だって、気持ちが大事だから 닷테 키모치가 다이지다카라)。
- なんのはなし(何の話 난노 하나시)?
- ばんど、かいさんしちゃって、つらいのもしってる(band、解散しちゃって、辛いのも知ってる 반도, 카이산시챳테 추라이노모 싯테루)。
- でも、だから、はたらかないというのはちがうとおもう(でも、だから、働かないというのは違うと思う 데모 다카라 하타라카나이 토이우노와 치가우토 오모우)。
- ちょっと、たっくん(ちょっと、たっ君 춋토 탓쿵)
- おれだって、きこえましたよ(俺だって、聞こえましたよ 오레닷테 키코에마시타요)。
- ふりーたーなんでしょう(후리-타-난데쇼-)。↗
- いっしょにしないで(一緒にしないで 잇쇼니 시나이데)。
- ぐちいってるあなたとはちがう(愚痴言ってるあなたとは違う 구치 잇테루 아나타토와 치가우)。
- げんじつとうひじゃない(現実逃避じゃない 겐지츠 토-히쟈나이)↗
- ないか、そんなどきょう(無いか、そんな度胸 나이카 손나 도쿄-)。
- わかれたいんだろ(別れたいんだろ 와카레타인다로)。↗
- わかれようぜ(別れようぜ 와카레요-제)。
- あのこ、なんさい、げんき(あの子、何歳、元気 아노코 난사이, 겡키)。
- (ごうとう強盗고-토-)するわけないでしょう(수루와케 나이데쇼-)。
- するかもしれないの(수루카모시레나이노)。

11-3-3 일본문화

たっくん(たっ君 탓쿵) ← たくみ(卓海 타쿠미)의 줄임 + くん(君 쿤)
こ(子 코):
　こども(子供 코도모) vs おんなのこ(女の子온나노코) / おとこのこ(男の子 오토코노코)

11-3-4 퀴즈

1) 다음 (　)에 공통적으로 들어갈 수 있는 것은?
(　)、きもちがだいじだから [(　)、気持ちが大事だから
(　) 키모치가 다이지다카라]。
おれ(　)、きこえましたよ [俺(　)、聞こえましたよ 오레(　) 키코에마시타요]。
① でも(데모)
② だから(다카라)
③ だって(닷테)
④ けど(케도)

2) 다음 중 わかれたいんだろ(別れたいんだろ 와카레타인다로)의 의미는?
① 헤어지고 싶을 것 같다.
② 헤어지고 싶지?
③ 헤어졌니?
④ 헤어지고 싶지 않지?

11-4 드라마 II

11-4-1 어휘

- はっぴーせぶん(happy seven 핫삐- 세붕)
- ななおくえん(七億円 나나오쿠엥)
- くじ(쿠지)
- うりば(売り場 우리바)
- はたらく(働く 하타라쿠)
- はたらいている(働いている 하타라이테이루)
- はたらいています(働いています 하타라이테이마스)
- じりつ(自立 지리츠)
- しんけい(神経 신케-)
- ととのえる(整える 토토노에루)
- ぱずる(puzzle 빠주루)
- あぷり(appli 아쁘리) ← あぷりけーしょん(application 아쁘리케-숑)
- おねえちゃん(お姉ちゃん 오네쨩)
- つらい(辛い 츠라이)
- こと(事 코토)
- ある(有る 아루)
- あった(有った 앗타)
- ともだち(友達 토모다치)
- けっこんする(結婚する 켓콘수루)
- ～みたい(미타이)
- さきに(先に 사키니)
- もう(모-)
- こんな(콘나)
- じかん(時間 지캉)
- きゅうけい(休憩 큐-케-)
- かえる(買える 카에루) ← かう(買う 카우)
- かえるだけ(買えるだけ 카에루다케): 동사 + だけ(다케)

- ぜんぶ(全部 젬부)
- はやく(速く 하야쿠) vs はやく(早く 하야쿠) ← はやい(하야이)
- さっき(삿키) > さき(先 사키)
- ぜんざいさん(全財産 젠자이상)
- うるさい(煩い 우루사이)
- やめる(止める 야메루)
- だいたい(大体 다이타이)
- あたる(当る 아타루)
- あたらない(当らない 아타라나이)
- ついていない(츠이테이나이)
- かのじょ(彼女 카노죠)
- ふたり(二人 후타리)
- そろう(揃う 소로우)
- なん/なに(何 낭/나니)
- おこる(起る 오코루)
- けっこう(結構 켓코-): 結構な(a)＝いい(良い), とても(ad)
- もえる(燃える 모에루)
- なぜ(나제))
- やばい(야바이)
- そこ(소코)
- さんにん(三人 산닝)
- さんにんめ(三人目 산님메) vs こげめ(こげ目 코게메)
- やってくる(やって来る 얏테쿠루)
- こううん(幸運 코-웅)
- とにかく(토니카쿠)
- かのじょたち(彼女達 카노죠타치)
- はなし(話 하나시) ← はなす(話す 하나수)

11-4-2 문형

- ふくらさちはくじうりばではたらいています(福良幸はくじ売り場で働いています 후쿠라 사치와 쿠지우리바데 하타라이테이마스)。
- じりつしんけいをととのえるぱずるって、やったことあります(自律神経を整えるpuzzleって、やったことあります 지리츠신케-오 토토노엘루 빠주룻테 얏타 코토 아리마스)。↗
- つらいことでもあったのかな(辛いことでもあったのかな 츠라이 코토데모 앗타노카나)。
- ともだちがけっこんするみたいです(友達が結婚するみたいです 토모다치가 켓콘수루 미타이데스)。
- もうこんなじかんじゃん(もうこんな時間じゃん 모-콘나 지칸쟝)。
- 〜てくる(来る)： きゅうけい、いってきます(休憩、行って来ます 큐-케- 잇테키마스)。
- かえるだけぜんぶください(買えるだけ全部ください 카에루다케 젠부 쿠다사이)。
- いいから、はやくちょうだい(良いから、早く頂戴 이이카라 하야쿠 쵸다이)
- 〜동사과거형た+ほうがいい(方が良い)
- やめたほうがいいとおもいますよ(止めた方が良いと思います 야메타 호-가 이이토 오모이마스요)。
- こういうひと、だいたいあたらないので(こういう人、大体当らないので 코-이우히토 다이타이 아타라나이노데)。
- ついていないかのじょとついていないかのじょ(ついていない彼女とついていない彼女 츠이테이나이 카노죠토 츠이테 이나이 카노죠)
- ふたりがそろうとなにがおこるんでしょうか(二人が揃うと何が起るんでしょうか 후타리가 소로우토 나니가 오코룬데쇼-카)。
- もえてません(燃えてません 모에테마셍)。↗ ← もえていません(燃えていません모에테이마셍) ← もえている(燃えている 모에테이루) ← もえる(燃える 모에루)
- けっこうもえてる(結構燃えてる 켓코- 모에테루)。
- わたしじゃないよ(私じゃないよ 와타시쟈나이요)。
- そこにさんにんめがやってくると、なにがおこるんでしょうか(そこに三人目がやってくると、何が起るんでしょうか 소코니 산님메가 얏테쿠루토 나니가 오코룬데쇼-카)。
- なにがなんでも(何が何でも 나니가난데모)
- こううんをつかみたいそんなかのじょたちのはなし(幸運を掴みたいそんな彼女たちの話
- 코-웅오 츠카미타이 손나 카노죠타치노 하나시)。

- とにかくついていないかのじょたちのはなし((とにかくついていない彼女たちの話 토니카쿠 츠이테이나이 카노죠타치노 하나시)。

11-4-3 일본문화

상점가 활성화 : 다양한 くじ(쿠지)
미신 : 입시 とんかつ(豚かつ 톤카츠) ← かつ(勝つ 카츠)
4(四 よん용、よつ요츠/욧, よ요、し시) ← し(死 시)

11-4-4 퀴즈

1) 다음 ( )에 들어갈 수 있는 것은?
こういうひと、だいたいあたらない( ) [こういう人、大体当らない( ) 코-이우히토 다이타이 아타라나이( )]。
① を(오)
② に(니)
③ は(와)
④ ので(노데)

2) 다음 중 かえるだけぜんぶください(買えるだけ全部ください 카에루다케 젬부 쿠다사이)의 의미는?
① 전부 사게 해 주세요
② 살 수만 있게 해주세요.
③ 살 수 있을 만큼 전부 주세요.
④ 사려고 하니 전부 주세요.

제12주차

Unlucky Girl 3

언럭키 걸

ドラマで学ぶ日本語

12-1 학습목표

1) 의지 표현

- ~[u] **~[o] + う[오]**
  なる(나루) なろう(나로-)
  つかむ(掴む 츠카무) つかもう(掴もう 츠카모-)
- ~[i/e]る **~[i/e] ~~る~~ + よう(요-)**
  みる(見る 미루) みよう(見よう 미요-)
  わかれる(別れる 와카레루) わかれよう(別れよう 와카레요-)
- する(수루) **しよう(시요-)**
  ひとりじめする(一人占めする히토리지메수루) ひとりじめしよう(히토리지메 시요-)
  りこんする(離婚する 리콘수루) りこんしよう(離婚しよう 리콘시요-)

2) 의지표현 + とする(토수루) 결심

- ~[u] **~[o] + う[오] + とする**
  かう(買う 카우) かおうとする(買おうとする 카오-토수루)
  つかむ(掴む 츠카무) つかもうとする(掴もうとする 츠카모-토수루)
- ~[i/e]る **~[i/e] ~~る~~ + よう(요-)+とする**
  みる(見る 미루) みようとする(見ようとする 미요-토수루)
  わかれる(別れる 와카레루) わかれようとする(別れようとする 와카레요-토수루)
- する(수루) **しよう(시요-) + とする**

ひとりじめする	ひとりじめしようとする
(一人占めする히토리지메수루)	(히토리지메시요-토수루)
りこんする(離婚する 리콘수루)	りこんしようとする(리콘시요-토수루)

3) 나열표현 ~て(테)

- ~[u]	~[っ]**て（ㅅ테)**
とまる(止まる 토마루)	とまって(止まって 토맛테)
かう(買う 카우)	かって(買って 캇테)
- ~[i/e]る	**~[i/e]て(테)**
わかれる(別れる 와카레루)	わかれて(別れて 와카레테)
しめる(閉める 시메루)	しめて(閉めて 시메테)
みる見る 미루)	みて(見て 미테)
- する(수루)	**して(시테)**
あんしんする(安心する 안신수루)	あんしんして(安心して 안신시테)
- くる(来る 쿠루)	**きて(키테)**

4) 완료표현	**~て(테)+しまう(시마우)**	**~ちゃう(챠우)**
- ~[u	~[っ]**てしまう(ㅅ테시마우)**	
とまる	とまってしまう	とまっちゃう
(止まる 토마루)	(止まってしまう 토맛테시마우)	(토맛챠우)
かう(買う 카우)	かってしまう(買ってしまう 캇테시마우)	かっちゃう(캇챠우)
- ~[i/e]る	~**[i/e]てしまう(테시마우)**	
わかれる	わかれてしまう	わかれちゃう
(別れる 와카레루)	(別れてしまう 와카레테시마우)	
しめる	しめてしまう	しめちゃう
(閉める 시메루)	(閉めてしまう 시메테시마우)	(시메챠우)
みる見る 미루)	みてしまう(見てしまう 미테시마우)	みちゃう(미챠우)
- する(수루)	**してしまう(시테시마우)**	しちゃう(시챠우)
- くる(来る 쿠루)	**きてしまう(키테시마우)**	きちゃう(키챠우)

5) 혜택 표현 **~て(테)+くれる(쿠레루)**

- ~[u]	**~[っ]て(ㅅ테)**	**~てくれる(테쿠레루)**
とまる(止まる 토마루)	とまって(止まって 토맛테)	とまってくれる(토맛테 쿠레루)
かう(買う 카우)	かって(買って 캇테)	かってくれる(캇테 쿠레루)
のる(乗る 노루)	のって(乗って 놋테)	のってくれる(놋테 쿠레루)[77]
- ~[i/e]る	**~[i/e]て(테)**	
わかれる(別れる와카레루)	わかれて(別れて와카레테)	わかれてくれる(와카레테쿠레루)
しめる(閉める 시메루)	しめて(閉めて 시메테)	しめてくれる(시메테 쿠레루)
みる(見る 미루)	みて(見て 미테)	みてくれる(미테 쿠레루)
- する(수루)	**して(시테)**	してくれる(시테 쿠레루)
- くる(来る 쿠루)	**きて(키테)**	きてくれる(키테 쿠레루)

6) 추측표현 ~みたい(미타이)

きてくれるみたい(키테쿠레루 미타이)。

7) 수동표현

が(가)	**に(니)**
- ~[u]	**~[a]れる(레루)**
ことわる(断わる 코토와루)	ことわられる(断わられる 코토와라레루)
もつ(持つ 모츠)	もたれる(持たれる 모타레루)
いく(行く 이쿠)	いかれる(行かれる 이카레루)
- ~[i/e]る	**~[i/e] ~~る~~ +られる(라레루)**
たべる(食べる 타베루)	たべられる(食べられる 타베라레루)
みる(見る 미루)	みられる(見られる 미라레루)

8) 복합동사:

동사 + 동사	**ます형+동사**
- ~[u]	**~[i] + 동사**

---

77 そうだんにのってくれる(相談に乗ってくれる 소단니 놋테 쿠레루)。

もうす(申す모-수)[78]+おくれる(遅れる오쿠레루) もうしおくれる(申し遅れる모-시오쿠레루)

ひく(引く히쿠)+よせる(寄せる요세루) ひきよせる(引き寄せる 히키요세루)

- ～[i/e]る ～[i/e] ~~る~~ + **동사**

うける(受ける우케루)＋いれる(入れる이레루) うけいれる(受け入れる 우케이레루)

9) 명령표현

- ～[u] ～[e]

がんばる(頑張る 간바루) がんばれ(頑張れ 간바레)

やる(야루) やれ(야레)

- **～[i/e]る** **～[i/e] ~~る~~ + ろ(로)**

たべる(食べる 타베루) たべろ(食べろ 타베로)

みる(見る 미루) みろ(見ろ 미로)

- **する(수루)** **しろ(시로)**

あんしんする(安心する 안신수루) あんしんしろ(安心しろ 안신시로)

10) 퀴즈

A. 다음 중 する(수루)의 명령표현은?

① します(시마스)

② しれ(시레)

③ すれ(수레)

④ しろ(시로)

B. 다음 중 つかもうとする(掴もうとする 츠카모-토수루)의 해석으로 적당한 것은?

① 잡으려고 한다.

② 잡지마라

③ 잡으라고 한다.

④ 잡을 생각이 나다.

---

78 いう(言う 이우)의 겸양 표현

12-2 드라마소개

제목 언럭키 걸 Unlucky Girl

제작회사 読売TV

등장인물 福良幸 (ふくら さち 후쿠라 사치) : 복권 판매원

朝倉香 (あさくら かおり 아사쿠라 카오리) : 프리랜서

桜田卓海 (さくらだ たくみ 사쿠라다 타쿠미) : 카오리의 애인, 무직

綾波樹 (あやなみ いつき 아야나미 이츠키) : 무직, 재취업 노력중

指宿恵徳 (いぶすき けいとく 이부수키 케-토쿠) : 변호사 겸 점성가

12-3 드라마

12-3-1 어휘

- **お**みせ(お店 오미세)
- しめる(閉める 시메루)
- だいじょうぶ(大丈夫 다이죠-부)
- あした(明日 아시타)
- あさいち(朝一 아사이치)[79]
- ぎょうしゃ(業者 교-샤)
- かた(方 카타)
- きて(来て 키테)
- くれる(쿠레루)
- ～みたい(미타이)
- ぷれはぶ (prefab)[80] ← prefabricated house(조립식 집/건물)의 줄임말
- もえる(燃える 모에루)
- べんしょうする(弁償する 벤쇼-수루)
- ひと(人 히토)
- しあわせ(幸せ 시아와세)
- あたえる(与える 아타에루)
- はず(筈[81]하즈)
- くじ(쿠지)
- うりば(売り場 우리바)
- あげく(挙げ句 아게쿠)
- はて(果て 하테)
- あげくのはて(挙げ句の果て 아게쿠노 하테)[82]

---

79 あさいち(朝市 아사이치=아침에 열리는 시장)라는 동음이의어도 있다.

80 자막의 '후레하브' 보다는 '조립식 건물'이 더 적절하다.

81 はず(筈 하즈)의 한자는 '오늬(화살 머리를 활의 시위에 낄 수 있도록 도려낸 부분) 괄'이다.

82 'あげくのはて(아게쿠노하테)=あげく挙げ句 아게쿠: 결국)＋はて(果て 하테: 끝)'는 あげく挙げ句 아게쿠: 결국)의 강조표현이라 할 수 있다.

- ついてない(츠이테나이) ← ついていない(츠이테이나이)
- いちおく(一億 이치오쿠)
- ごせんまん(五千万 고센만)
- あてる(当てる 아테루)
- しゅふ(主婦 슈후)
- いた(居た 이타) ← いる(居る 이루)
- ひとり(一人 히토리)
- しめる(占める 시메루)
- ひとりじめする(一人占めする 히토리지메 수루)
- ひとりじめしよう(一人占めしよう 히토리지메 시요-)
- ～とする(토수루)
- だんな(旦那 단나)
- だまる(黙る 다마루)
- りこんする(離婚する 리콘수루)
- りこんしよう(離婚しよう 리콘시요-)
- りこんしようとする(離婚しようとする 리콘시오- 토수루)
- あと(後 아토)
- ばれる(바레루)
- さいばん(裁判 사이방)
- けっきょく(結局 켓쿄쿠)
- かのじょ(彼女 카노죠)
- しょうきん(賞金 쇼-킹)
- ぜんがく(全額 젠가쿠)
- もつ(持つ 모츠)
- いく(行く 이쿠)
- いかれる(行かれる 이카레루)
- あたる(当る 아타루)
- かぎる(限る 카기루)
- かぎらない(限らない 카기라나이)
- ゆび(指 유비)
- やど(宿 야도)

- おもしろい(面白い 오모시로이)
- いぶすき(指宿 시부수키)
- べんごし(弁護士 벤고시)
- こまる(困る 코마루)
- こまっている(困っている 코맛테이루)
- ちから(力 치카라)
- なる(成る 나루)
- なってやる(成ってやる 낫테야루)
- もうす(申す 모-수)
- おくれる(遅れる 오쿠레루)
- もうしおくれる(申し送れる 모-시오쿠레루)
- もうしおくれた(申し送れた 모-시오쿠레타)
- ほんとう(本当 혼토-)
- しゅみ(趣味 슈미)
- うらない(占い 우라나이) ← うらなう(占う 우라나우)
- かんてい(鑑定 칸테-)
- たろっと(tarot 타롯토)[83]
- きぎょう(企業 키교-)
- あいて(相手 아이테)
- たかい(高い 타카이)
- そうだんりょう(相談料 소-당료)
- あんしんする(安心する 안신수루)
- あんしんしろ(安心しろ 안신시로)
- むりょう(無料 무료-)
- かんべん(勘弁 칸벵)
- かんべんして(勘弁して 칸벤시테)
- ひこうりつてき(非効率的 히코-리츠테키)
- もの(物 모노)
- きょうみ(興味 쿄-미)

---

83 たろっとかーど(tarot card)의 줄임말로 한국에서는 프랑스식으로 '타로'로 발음한다.

- ない(無い 나이)

12-3-2 문형

- おみせ、しめてきちゃってだいじょうぶだったの(お店、閉めて来ちゃって大丈夫だったの 오미세 시메테키챳테 다이죠-부닷타노)。
- あしたのあさいちでぎょうしゃのかたがきてくれるみたいなんで(明日の朝一で業者の方が来てくれるみたいなんで 아시타노 아사이치데 교-샤노카타가 키테쿠레루 미타이난데)
- ぷれはぶって、あんなにもえるのね(prefabって、あんなに燃えるのね 쁘레하븟테, 안나니 모에루노네)。
- こげてあればこげてあるほどよし、だったはずなんですけど(焦げてあれば焦げてあるほど良し、だった筈なんですけど 코게테아레바 코게테아루 호도 요시, 닷타 하즈난데스케도)。
- それはこまりますね(それは困りますね 소레와 코마리마스네)。
- ひとにしあわせをあたえるはずのくじうりばがもえ(人に幸せを与えるはずのくじ売り場が燃え 히토니 시아와세오 아타에루 하즈노 쿠지우리바가 모에)、
- あげくのはてにべんしょうか(揚げ句の果てに弁償か 아게쿠노하테니 벤쇼-카)。
- いちおくごせんまんをあてたしゅふがいた(一億五千万を当てた主婦が居た 이치오쿠 고센만오 아테타 슈후가 이타)。
- それを、ひとりじめにしようとしたんだ(それを、一人占めにしようとしたんだ 소레오 히토리지메니 시요-토 시탄다)。
- だんなにあたったことをだまって、りこんしようとした(旦那に当ったことを黙って、離婚しようとした 단나니 아탓타 코토오 다맛테 리콘시요-토 시타)。[84]
- あとでばれてさいばんになる(後でばれて裁判になる 아토데 바레테 사이반니 나루)。
- けっきょく、かのじょはしょうきんぜんがくをだんなにもっていかれた(結局、彼女は賞金全額を旦那<u>に</u>持って<u>行かれた</u> ← 彼女の旦那<u>が</u>賞金全額を持って<u>行った</u>。켓쿄쿠 카노죠와 쇼-킨젠가쿠오 단나니 못테 이카레타)。

---

84 "남편에게 당한 일을 잠자코 이혼하려고 했다"는 오역으로 "남편에게 당첨된 것을 말하지 않고 이혼하려고 했다"가 보다 적절하다.

- あたってから、しあわせになるなんて、かぎらない(当ってから、幸せになるなんて、限らない 아탓테카라 시아와세니나루난테 카기라나이)。
- なのに、ひとはそれをかおうとする(なのに、人はそれを買おうとする 나노니 히토와 소레오 카오-토수루)。
- わたし、こういうもんだ(私、こういうもんだ 와타시 코-이우몬다) ← こういうものだ(こういう者だ)
- こまっているなら、ちからになってやる(困っているなら、力になってやる 코맛테이루나라 치카라니 낫테야루)。
- しゅみでうらないかんていもやっているんです(趣味で占い鑑定もやっているんです 슈미데 우라나이칸테-모 얏테이룬데스)。
- こまってるんだろ(困ってるんだろ 코맛테룬 다로)。↗
- そうだんにのってくれるって(相談に乗ってくれるって 소-단니 놋테 쿠레룻테)
- べんごしてくれるんじゃないの(弁護してくれるんじゃないの 벤고시테 쿠레룬쟈나이노)。↗
- なめて[85]もらっちゃ、こまる(なめてもらっちゃ、困る 나메테 모랏챠 코마루) ← なめてもらっては[86]、困る(나멧테 모랏테와 코마루)。
- きぎょうさんあいてにたかいそうだんりょうでやってるんだ(企業さん相手に高い相談料でやってるんだ 키교-상 아니테니 타카이 소-당료데 얏테룬다)。
- べんごなんかするか(弁護なんかするか 벤고낭카 수루카)。
- あんしんしろ、こっちはむりょう(安心しろ、こっちは無料 안신시로 콧치와 무료-)。
- おれはきみたちのうんにきょうみがある(俺は君たちの運に興味がある 오레와 키미타치노 운니 교-미가 아루)。
- うそでしょ、がんべんして(嘘でしょ↗、勘弁して 우소데쇼 칸벤시테)。
- なんだかんだ(何だかんだ 난다칸다)[87]
- みんな、すきだろ、うらない(皆、好きだろ、占い 민나 수키다로 우라나이)。

---

85 なめる(나메루)는 핥다, 빨아먹다, 맛보다, 얕보다, 우습게 보다 등 다양한 의미가 있지만, 이 장면에서는 '얇보다, 우습게 보다'로 해석되는 것이 자연스럽다.

86 ～ては(테와) : ～ちゃ(챠) vs ～では(데와) : ～じゃ(쟈)

87 なんだかんだ(난다칸다)는 이것저것, 이러니저러니, 어쩌니저쩌니, 이래저래 등 다양하게 해석된다.

12-3-3 일본문화

めいし(名刺 메-시) 문화: 일본인 이름의 한자 읽기

예) ゆびやどさん ← 指宿(いぶすき 이부스키)

12-3-4 퀴즈

1) 다음 ( )에 들어갈 수 있는 것은?

ぷれはぶ( )、あんなにもえるのね [prefab ( )、あんなに燃るのね

뿌레하브( ) 안나니 모에루노네]

① を(오)

② って(ㅅ테)

③ ので(노데)

④ の(노)

2) 다음 문장의 해석으로 적절한 것은?

けっきょく、かのじょはしょうきんぜんがくをだんなにもっていかれた

(結局、彼女は賞金全額を旦那に持って行かれた 켓쿄쿠 카노죠와 쇼-킨젠가쿠오 단나니 못테 이카레타)。

① 결국 그녀는 상금 전액을 남편에게 주었다.

② 마침내 그녀는 상금 전액을 가지고 남편에게 갔다.

③ 결국 그녀는 상금 전액을 남편과 함께 가지고 갔다.

④ 마침내 그녀는 안타깝게도 남편에게 상금 전액을 빼앗겼다.

12-4 드라마 II

12-4-1 어휘

- いま(今 이마)
- すぐ(直ぐ 수구)
- かれし(彼氏 카레시)
- わかれる(別れる 와카레루)
- わかれた(別れた 오카레타)
- ほう(方 호-)
- いい/よい(良い 이-/요이)
- えん(縁 엥)
- ひく(引く 히쿠)
- よせる(寄せる 요세루)
- ひきよせる(引き寄せる 히키요세루)
- つく(付く 츠쿠)
- あう(合う 아우)
- つきあう(付き合う 츠키아우)
- だめ(駄目 다메)
- おとこ(男 오토코)
- だめおとこ(駄目男 다메오토코)
- あんた(안타) ← あなた(아나타)
- ふし(節 후시)
- ある(有る 아루)
- ふしがある(節が有る 후시가아루)
- おとこうん(男運 오토코웅)
- たい<u>じん</u>うん(対人運 타이징웅)
- <u>ひと</u>(人 히토)
- つきあい(付き合い 츠키아이) ← つきあう(付き合う 츠키아우)
- ひとづきあい(人付き合い 히토즈키아이)
- もめる(揉める 모메루)

- つぎ(次 츠기)
- ここ(코코)
- すわる(座る 수와루)
- すわって(座って 스왓테)
- べつに(別に 베츠니)
- しごとうん(仕事運 시고토웅)
- さいあく(最悪 사이아쿠)
- さい(再 사이)
- しゅうしょく(就職 슈-쇼쿠)
- ～さき(先 사키)
- なかなか(나카나카)
- きまる(決まる 키마루)
- きまらない(決まらない 키마라나이)
- まえ(前 마에)
- かいしゃ(会社 카이샤)
- じぶん(自分 지붕)
- いし(意志 이시)
- やめる(辞める 야메루)
- あと(後 아토)
- てんしょく(転職 텐쇼쿠)
- かつどう(活動 카츠도-)
- しっぱい(失敗 싯빠이)
- つづく(続く 츠즈쿠)
- はんだん(判断 한당)
- ただしい(正しい 타다시-)
- ただしかった(正しかった 타다시캇타)
- ふあん(不安 후앙)
- かんじる(感じる 칸지루)
- そもそも(소모소모)
- きぼう(希望 키보-)
- たかい(高い 타카이)

- すぎる(過ぎる 수기루)
- たかすぎる(高すぎる 타카스기루) ← 高~~い~~＋すぎる
- みる(見る 미루)
- つもる(積もる 츠모루)
- みつもる(見積もる 미츠모루)
- みつもりすぎる(見積もりすぎる 미츠모리스기루) ← 見積もる[ru]+ ます형[i]=り[ri] + すぎる
- けんか(喧嘩 켄카)
- うる(売る 우루)
- けんかをうる(喧嘩を売る 켄카오 우루)
- まま(마마)
- このまま(코노마마)
- じょうたい(状態 죠타이)
- さいご(最後 사이고)
- めちゃくちゃ(메챠쿠챠)
- けん(剣 켕)
- ささる(刺さる 사사루)
- ささっている(刺さっている 사삿테이루)
- きぶん(気分 키붕)
- わるい(悪い 와루이)
- たぶん(타붕)
- ついてない(츠이테나이)
- じかく(自覚 지카쿠)
- ある(有る 아루)
- かわる(変わる 카와루)
- **お**いで(お出で오이데) ← おいでください(오이데쿠다사이)←おいでる(おいでる 오이데루)[88]

---

88 いく(行く이쿠), くる(来る쿠루), いる(居る이루)의 존대어인 いらっしゃる(이랏샤루)와 유사하다.

12-4-2 문형

- 동사과거 た(타)＋ほう(方)がいい(호-가이-)
  いますぐそのかれしとわかれたほうがいい(今すぐその彼氏と別れた方が良い 이마 수구 카레시토 와카레타 호-가이-)。
- もんだいはぜんぶきみにある(問題は全部君にある 몬다이와 젬부 키미니 아루)。
- きみがそういうえんをひきよせてるんだ(君がそういう縁を引き寄せてるんだ 키미가 소-이우엥오 히키요세테룬다)。
- いままでつきあってきたおとこ、ぜんぶ、だめおとこだったんじゃないか
  (今まで付合って来た男、全部、駄目男だったんじゃないか 이마마데 츠키앗테키타 오토코 젬부 다메오토코 닷탄쟈나이카)。
- あんたが、だめおとこにしたふしがある(あんたが、駄目男にした節がある 안타가 다메오토코니시타 후시가 아루)。
- そこまでいわなくても(そこまで言わなくても 소코마데 이와나쿠테모)。
- わたし、いいです、べつに(私、良いです、別に 와타시 이-데스 베츠니)。
- さいしゅうしょくさきも、なかなかきまらないぞ(再就職先も、なかなか決まらないぞ 사이슈-쇼쿠사키모 나카나카 키마라나이조)。
- まえのかいしゃはじぶんのいしでやめたの(前の会社は自分の意志で辞めたの 마에노 카이샤와 지분노 이시데 야메타노)。
- そのあと、てんしょくかつどうもしっぱいがつづき(その後、転職活動も失敗が続き 소노아토 텐쇼쿠카츠도-모 싯빠이가 츠즈키)、
- いま、じぶんがかいしゃをやめたはんだんがただしかったのかどうかふあんにかんじている(今、自分が会社を辞めた判断が正しかったのかどうか不安に感じている 이마 지분가 카이샤오 야메타 한단가 타다시캇타노카 도-카 후안니 칸지테이루)。
- 형용사어간/동사ます형+ すぎる(過ぎる)
  たかい(高~~い~~ 타카이) +すぎる(스기루) → たかすぎる(高すぎる 타카스기루)
  見積もる(미츠모루)+すぎる → みつもりすぎる(見積もりすぎる 미츠모리스기루)
  食べる(타베루)+すぎる → たべすぎる(食べすぎる 타베스기루)
- じぶんをたかくみつもりすぎだ(自分を高く見積もりすぎだ 지붕오 타카쿠 미츠모리스기

다)。[89]

- ぷらいどがじゃましているのか(prideが邪魔しているのか 쁘라이도가 쟈마시테이루노카)。[90]
- このひと、けんかうってる(この人、喧嘩売ってる 코노히토 켄카 웃테루)。↗
- このままのじょうたいがつづくと、さいごは(このままの状態が続くと、最後は 코노마마노 죠-타이가 츠즈쿠토 사이고와)。
- めちゃくちゃに、けん、ささっているんじゃないですか(めちゃくちゃに、剣、刺さっているんじゃないですか 메챠쿠챠니 켕 사삿테룬 쟈나이데스카)。
- でも、わたし、たぶんついてないですよ(でも、私、たぶんついてないですよ 데모 와타시 타붕 츠이테나이데스요)。
- じかくあるの(自覚あるの 지카쿠 아루노)。↗
- じゃ、かわる(じゃ、替わる 쟈 카와루)[91]

12-4-3 일본문화

かれし(彼氏카레시) vs かのじょ(彼女카노죠)

망자에 대한 인사:
指宿(いぶすき이부수키)의 몸짓(한손으로 합장하는 듯한 인사) + 쨍 소리[불전 앞 りん(鈴링) 소리] → 綾波(あやなみ아야나미)의 대사 "きぶんわるい(気分悪い 키붕와루이)"

---

89 すぎだ(過ぎだ수기다) = すぎる(過ぎる스기루)의 명사형인 すぎ(過ぎ수기) + だ(다)

90 직역하면 '자존심이 훼방을 놓고 있나? 이므로, 자막의 "자존심이 상해?"보다는 "자존심 때문?"이 원문에 좀 더 충실한 것 같다.

91 かわる(카와루)가 '바꾸다'의 의미인 替わる로 사용되었다. 앞자리에 앉아있던 朝倉香(あさくら かおり 아사쿠라 카오리)에게 본인 자리를 福良幸(ふくら さち 후쿠라 사치)에게 내어줘라, 자리를 바꿔라는 의미로 사용되었기 때문이다.

12-4-4 퀴즈

1) 다음 중 '엉망진창'을 나타내는 단어는?

① えん(縁 엥)

② うん(運 웅)

③ めちゃくちゃ(메차쿠챠)

④ めった(滅多 멧타)

2) 다음 중 けんかをうる(喧嘩を売る 켄카오 우루)의 의미는?

① 싸움을 말리다

② 싸워서 억지로 팔다

③ 싸움을 걸다

④ 싸움에 지다

제13주차

Unlucky Girl 4

언럭키 걸

13-1 학습목표

1) ~ じゃない(쟈나이) , じゃん(쟝)

- 확인표현 このひとのいったとおりじゃん(この人の言った通りじゃん코노히토노 잇타토-리쟝)
  すぐそこじゃないですか(수구 소코쟈나이데수카)。
- 부정표현 ずぼしじゃないです(図星じゃないです즈보시쟈나이데스)↔ずぼしだ(즈보시다)
  かくじつなことばかりじゃない(確実な事ばかりじゃない카쿠지츠나코토 바카리쟈나이)。

2) 헤어질 때 표현　じゃね(쟈네)

それでは(소레데와)/それじゃ(소레쟈) + ね(네: 공감)

3) 경어표현

- 겸양
  もうす(申す 모-수) ← いう(言う 이우)
  おめにかかる(お目にかかる 오메니카카루) ← あう(会う 아우)
  ちょうだいする(頂戴する 쵸-다이수루) ← もらう(모라우)
  いただく(頂く 이타다쿠) ← たべる(食べる타베루)のむ(飲む노무)もらう(모라우)
- 존대
  おいでになる(오이데니나루) ← いく(行く이쿠) くる(来る쿠루) いる(居る이루)
  いらっしゃる(이랏샤루) ← いく(行く이쿠) くる(来る쿠루) いる(居る이루)
  なさる(나사루) ← する(수루)

4) だって(닷테)의 용법

- 단어 + だって(닷테) : ～의 경우도=～도(강조)

  あなたたって、このひとのいったとおりじゃん(あなただって、この人の言ったとおりじゃん 아나타닷테, 코노히토노 잇타토-리쟝)。

- だって(닷테)、문장+から : 이유

  だって、きもちがだいじだから(だって、気持ちが大事だから 닷테 키모치가다이지다 카라)。

5) って(ㅅ테)의 용법

- 단어 + って(ㅅ테) : 정의≑ は(와)

  うらないしって(占い師って 우라나이싯테)

  こういうふかくていなものをしんじるひとって(こういう不確定な物を信じる人って、 코-이우 후카쿠테-나 모노오 신지루 히톳테)

  きょううんぎんこうって、すぐそこじゃないですか(強運銀行って、直ぐそこじゃないですか 쿄-운긴코-ㅅ테, 수구 소코쟈나이데스카)。

- 문장 + って(ㅅ테) : 전언

  きょういくんだって(今日行くんだって 쿄-이쿤닷테)

6) 의향/계획 표현	**동사 기본형+ つもり(츠모리)**[92]
てきにまわす(敵に回す테키니마와수)	てきにまわすつもり(테키니마와수츠모리)

7) 양태 표현 ～そう(소-)	
- ～い 형용사	～ ~~い~~ **そう(소-)**
おいしい(美味しい 오이시-)	おいしそう(美味しそう 오이시소-)
ない(無い 나이)	なさそう(無さそう 나사소-)
よい(良い 요이)	よさそう(良さそう요사소-)
- ～な 형용사	～ な **そう(소-)**
げんきな(元気な겐키나)	げんきそう(元気そう 겐키소-)
ふあんな(不安な후안나)	ふあんそう(不安そう 후안소-)

92 동사 つもる(積もる 츠모루: 쌓이다, 모이다, 예견/추측하다)의 명사형이다.

8) 추측/전언 표현 ～らしい(라시-)

いつかきっとひらけるらしい(いつかきっと開けるらしい 이츠카 킷토 히라케루라시-)。

9) 동시발생 표현 ～ながら

- ～[u]	**～[i] + ながら(나가라)**
ひく(引く 히쿠)	ひきながら(引きながら 히키나가라)
- ～[i/e]る	～[i/e] ~~る~~ + **ながら(나가라)**
かかえる(抱える 카카에루)	かかえながら(抱えながら 카카에나가라)

10) 조사

- とか(토카) : 나열 たんじょうびうらない<u>とか</u>(誕生日占いとか 탄죠-비 우라나이토카)。
- も(모) : 동조 わたし<u>も</u>(私も 와타시모)。
- ので(노데) : 이유 ひいてもたぶんあたらない<u>ので</u>(引いても多分当らないので 히이테모 타붕 아타라나이노데)。[93]

11) 종조사

ぞ(조): いろいろある<u>ぞ</u>(色々有るぞ 이로이로 아루조)。

12) 퀴즈

A. 다음 중 てきにまわす(敵に回す테키니마와수)의 의미는?

① 적에게 휘두르다

② 적을 만나다

③ 적으로 돌리다

④ 적과 싸우다

B. 다음 중 '없을 것 같다'의 일본어 표현은?

① ないそう(나이소-)

② なそう(나소-)

③ なくそう(나쿠소-)

93 くじ(쿠지=복권)은 ひく(引く 히쿠)라는 동사를 사용하며, 복권 뽑는 것을 くじびき(くじ引き 쿠지비키)라 표현한다.

④ なさそう(나사소-)

13-2 드라마소개

제목 언럭키 걸 Unlucky Girl

제작회사 読売TV

등장인물 福良幸(ふくら さち 후쿠라 사치) : 복권 판매원
朝倉香(あさくら かおり 아사쿠라 카오리) : 프리랜서
桜田卓海(さくらだ たくみ 사쿠라다 타쿠미) : 카오리의 애인, 무직
綾波樹(あやなみ いつき 아야나미 이츠키) : 무직, 재취업 노력중
指宿恵徳(いぶすき けいとく 이부스키 케-토쿠) : 변호사 겸 점성가

13-3 드라마 I

13-3-1 어휘

- すごい(凄い 수고이)
- ふうん(不運 후웅)
- めったに(滅多に 멧타니)
- **お**め(お目 오메)
- かかる(카카루)
- **お**めにかかる(お目にかかる 오메니카카루)[94]
- **お**めにかかれる(お目にかかれる 오메니카카레루) ← かかれる(카카레루)
- **お**めにかかれない(お目にかかれない 오메니 카카레나이)
- くじうりば(くじ売り場 쿠지우리바)
- べんしょう(弁償 벤쇼-)
- さっき(삿키) > さき(先 사키)
- **お**れい(お礼 오레-)
- しゅうぜん(修繕 슈-젱)
- ひ(費 히)
- わけ(訳 와케)
- うらないし(占い師 우라나이시)
- うらないしさん(占い師さん 우라나이시상)
- ぜんこく(全国 젠코쿠)
- てき(敵 테키)
- まわす(回す 마와수)
- つもり(츠모리)
- せいかく(性格 세-카쿠)
- こゆう(固有 코유-)
- おこる(怒る 오코루)

---

94 あう(会う아우)의 겸양표현

- ずぼし(図星 즈보시)[95]
- たしかに(確かに 타시카니)
- かれし(彼氏 카레시)
- だめお(駄目男 다메오) ← だめおとこ(駄目男 다메오토코)
- ～かもしれない(かも知れない 카모시레나이)
- いがい(意外 이가이)
- まちがう(間違う 마치가우) vs ちがう(違う 치가우)
- まちがっている(間違っている 마치갓테이루)
- とおり(通り 토-리) ← とおる(通る 토-루)
- ～とおり(通り 토-리)
- ぷらいど(pride 쁘라이도)
- かたまり(塊 카타마리)
- けさ(今朝 케사)
- かわいそう(可哀想 카와이소-)
- よけいな(余計な 요케-나)
- おせわ(お世話 오세와)
- たんじょうび(誕生日 탄죠-비)
- ぷれぜんと(present 쁘레젠토)
- やすもの(安物 야스모노)
- くっしょん(cushion 쿳숑)
- ～なら(나라)
- じてん(時点 지텡)
- わかれる(別れる 와카레루)
- いま(今 이마)
- おかね(お金 오카네)
- ない(無い 나이)
- ふたり(二人 후타리)
- とも(共 토모)
- とにかく(兎に角 토니카쿠)

---

95 ずぼし(図星즈보시) : 과녁의 정 중앙(적중), 핵심, 급소

- しんじる(信じる 신지루)
- しんじない(信じない 신지나이)
- じぶん(自分 지붕)
- じしん(自信 지싱)[96]
- よゆう(余裕 요유-)
- なさそう(無さそう 나사소-) ← 無い + さ + そう
- よのなか(世の中 요노나카)
- かくじつな(確実な 카쿠지츠나)
- こと(事)
- ～ばかり(바카리)
- ～し(시)： 기본형+し(시)
- さきほど(先ほど 사키호도) vs さき(사키) vs さっき(삿키)
- ぎんこう(銀行 깅코-)
- おきる(起きる 오키루)
- おきた(起きた 오키타)
- ごうとう(強盗 고-토-)
- じけん(事件 지켕)
- ぞくほう(続報 조쿠호-)

13-3-2 문형

- これは、すごい(これは、凄い 코레와 수고이)。
- ここまで、ついてないやつ、めったにおめにかかれない
- (ここまで、ついてない奴、滅多にお目にかかれない 코코마데 츠이테나이 야츠 멧타니 오메니 카카레나이)。
- おれいをするとこじゃないから(お礼をするとこじゃないから 오레-오 수루토코 쟈나이카라)。
- あの、くじうりばのしゅうぜんひなんですけど(あの、くじ売り場の修繕費なんですけど

96 じしん(自身지싱: 자기자신. 본인)이라는 동음이의어가 있다.

아노 쿠지우리바노 슈-젠히난데스케도)。

- べんしょうすることになるだろうな(弁償する事になるだろうな 벤쇼-수루코토니 나루다로-나)。
- あの、さっきから、なんなんですか、あなた(あの、先から何なんですか、あなた 아노 삿키카라 난난데수카 아나타)。
- うらないしって、みんな、こんな感じなの(占い師って、皆、こんな感じなの 우라나이싯테 민나 콘나 칸지나노)。↗
- そんなわけないだろ(そんな訳無いだろ 손나 와케 나이다로)。↗
- ぜんこくのうらないしさん、てきにまわすつもりか(全国の占い師さん、敵に回すつもりか 젠코쿠노 우라나이시상 테키니 마와수 츠모리카)。
- これはおれのせいかく、こゆうのものだ(これは俺の性格、固有のものだ 코레와 오레노 세-카쿠, 코유-노 모노다)。
- そうやっておこるということは、ずぼしだからか(そうやって怒るということは、図星だからか 소-얏테 오코루 토이우코토와, 즈보시다카라카)。[97]
- ずぼしじゃないです(図星じゃないです 즈보시자 나이데스)!
- たしかにこのひとのかれしはだめおだったかもしれないけど、そこいがいはまちがってる(確かにこの人の彼氏は駄目男だったかも知れないけど、そこ以外は間違ってる 타시카니 코노 히토노 카레시와 다메오닷타 카모시레나이케도, 소코이가이와 마치 갓테루) 。
- あなただって、このひとのいったとおりじゃん(あなただって、この人の言った通りじゃん 아나타닷테 코노히토노 잇타 토-리쟝)。
- かれしがかれしならかのじょもかのじょだね(彼氏が彼氏なら彼女も彼女だね 카레시가 카레시나라 카노죠모 카노죠다네)[98]
- たっくん、いまおかねないの(たっ君、今お金無いの 탓쿵, 이마 오카네 나이노)。
- とにかく、こんなの、わたし、しんじないから(とにかくこんなの、私、信じないから 토니카쿠 콘나노 와타시 신지나이카라)。
- こういうふかくていなものをしんじるひとって(こういう不確定な物を信じる人って 코-이우 후카쿠테-나 모노오 신지루 히톳테)、

---

97 자막에는 "그렇게 화를 낸다는 건 정수리 맞아서 그런가"로 되어 있지만, '〜 정곡을 찔려서 인가'가 더 자연스러울 것 같다.

98 '남자친구가 남자친구라면 여자친구도 여자친구군'이라는 직역은 그 의미가 명확하게 전달되기 어렵고, 또 자막의 "남자친구가 남자친구라면 그녀도 그녀구나" 역시 다소 어색하므로, '그 남자친구에 그 여자친구군'으로 의역하는 것이 가장 적절할 것 같다.

- じぶんにじしんがないのよ(自分に自信が無いのよ 지분니 지신가 나이노요)。
- よゆうもなさそう(余裕も無さそう 요유-모 나사소-)。
- よのなかそんなにかくじつなことばかりじゃない(世の中そんなに確実な事ばかりじゃない 요노나카 손나니 카쿠지츠나 코토 바카리쟈나이)。[99]
- かくじつなものなんてないから、みんな、くじをかうし(確実なものなんて無いから、皆、くじを買うし 카쿠지츠나 모노 난테나이카라 민나 쿠지오 카우시)、
- ふあんなやつがいるから、こういうじけんもおきる(不安な奴が居るから、こういう事件も起きる 후안나 야츠가 이루카라, 코-이우 지켐모 오키루)。
- きょううんぎんこうって、すぐそこじゃないですか(強運銀行って、すぐそこじゃないですか 쿄-운긴코-ㅅ테, 수구 소코쟈나이데스카)。

13-3-3 일본문화

직업+さん：きぎょうさん(企業さん 키교-상)、 うらないしさん(占い師さん우라나이시상)
문의 시 표현: あの ～ なんですけど(아노 ～ 난데스케도)
ねりまく(練馬区 네리마쿠)：도쿄 23구 중 하나

13-3-4 퀴즈

1) 다음 중 ずぼしだからか(図星だからか 즈보시다카라카)의 의미는?
① 정수리부터인가?
② 정곡을 찔려서인가?
③ 정수리부터 어디까지인가?
④ 별모양 도형이기 때문인가요?

2) 다음 중 めったにおめにかかれない(滅多にお目にかかれない 멧타니 오메니 카카레나이)의 의미로 가장 적절한 것은?

---

99 자막 "세상 그렇게 확실한 것뿐이잖아"는 오역이다'

① 거의 눈에 들지 않는다.
② 좀처럼 눈에 띄지 않는다.
③ 전혀 만날 수 없다.
④ 좀처럼 뵐 수 없다.

13-4 드라마 II

13-4-1 어휘

- なかま(仲間 나카마)
- とも(共 토모)
- きょうりょく(協力 쿄-료쿠)
- すぐ(直ぐ 수구)
- ひらける(開ける 히라케루)
- ひらけない(開けない 히라케나이)
- みち(道 미치)
- ～らしい(라시-)
- さんにん(三人 산닝)
- かんべんして(勘弁して 칸벤시테)
- ありえる(あり得る 아리에루) ←ある(有る아루)＋える(得る에루)
- ありえない(あり得ない 아리에나이)
- かえる(帰る 카에루)
- そろそろ(소로소로)
- いちがつ(一月 이치가츠)
- ついたち(一日 츠이타치)
- まじ(마지)
- じょうだん(冗談 죠-당)
- うそ(嘘 우소)
- ある(有る 아루)
- こわ(怖 코와) ← こわい(怖い 코와이)
- きっさ(喫茶 킷사)
- れん(蓮 렝)
- なきねいり(泣き寝入り 나키네이리)[100] ← なく(泣く 나쿠)+ねいる(寝入る 네이루)

---

100 泣き寝入り(泣き寝入り나키네이리)의 원래 뜻이 아이들이 울면서 잠드는 것을 의미하기 때문에, 불만이 있지만 억지로 꾹꾹 참는 것을 뜻하기도 한다.

- ～なら(나라)
- たぶん(多分 타붕)
- あたる(当る 아타루)
- あたらない(当らない 아타라나이)
- ～ので(노데)
- かいさんする(解散する 카이산수루)
- かいさんします(解散します 카이산시마스)
- かいさんしました(解散しました 카이산시마시타)
- それぞれ(其々 소레조레)
- いじょう(以上 이죠-)
- ふあん(不安 후앙)
- かかえる(抱える 카카에루)
- ～ながら(나가라)
- やはり(야하리)
- よい/いい(良い 요이/이-)
- よかった(良かった 요캇타)
- ふうんな(不運な 후운나)
- ものたち(者達 모노타치)
- あらたな(新たな 아라타나)
- きづき(気づき 키즈키) ← きづく(気づく 키즈쿠)
- もたらす(모타라수)
- ～じしん(自身 지싱)
- おれじしん(俺自身 오레지싱)
- これから(코레카라) 이것부터, 지금부터
- さって(삿테) ← さて(사테) vs じゃ(쟈)
- どう(도-)
- なる(成る 나루)

13-4-2 문형

- なかまとともにきょうりょくすれば、ひらけないみちも、いつかきっとひらけるらしい
- (仲間と共に協力すれば、開けない道も、いつかきっと開けるらしい 나카마토 토모니 쿄-료쿠수레바, 히라케나이 미치모 이츠카 킷토히라케루라시-)。
- あんたたちさんにんのことだな(あんたたち三人のことだな 안타타치 산닝노 코토다나)。
- じゃ、ほかのうらない、やるかうらない、やるか(じゃ、他の占い、やるか占い、やるか。 자, 호카노 우라나이, 야루카 우라나이, 야루카)。
- いろいろあるぞ、たんじょうびうらないとか(色々あるぞ、誕生日占いとか 이로이로 아루조, 탄죠-비 우라나이토카)。
- なにそれ、うそでしょう(何それ、嘘でしょう 나니소레 우소데쇼-)。↗
- こんなこと、ある(こんな事、ある 콘나코토 아루)。↗
- おもしろくなってきた(面白くなって来た 오모시로쿠 낫테키타)。
- なきねいりしないで(泣き寝入りしないで 나키네이리 시나이데)、
- わたしなら、そうする(私なら、そうする 와타시나라 소-수루)。
- これ、わたし、ひいてもたぶんあたらないので(これ、私、引いても多分当らないので 코레 와타시 히이테모 타붕 아타라나이노데)。
- かれしさん、きっとごうとうなんて、してないですよ(彼氏さん、きっと強盗なんて、してないですよ 카레시상, 킷토 고-토-난테 시테나이데스요)。
- かのじょたちはかいさんしました(彼女たちは解散しました 카노죠타치와 카이산시마시타)。
- それぞれに、これまでいじょうのふあんをかかえながら(それぞれに、これまで以上の不安を抱えながら 소레조레니 코레마데 이죠-노 후앙오 카카에나가라)。
- やはり、ここにきてよかった(やはり、ここに来て良かった 야하리 코코니 키테 요캇타)。
- 「きょうであうふうんなものたちが、あらたなきづきをもたらす(今日出会う不運な者たちが、新たな気づきをもたらす 쿄- 데아우 후운나 모노타치가 아라타나 키즈키오 모타라수)。」
- おれじしんをうらなったの、そうでたの(俺自身を占ったのそう出たの 오레지싱오 우라낫타노, 소-데타노)。
- さって、これからどうなるか(삿테, 코레카라 도-나루카)。

13-4-3 일본문화

본인을 가리킬 때 : 코
ふくびきさんかけん(福引参加券 후쿠비키 산카켕) : 상점가 활성화 행사
かれしさん(彼氏さん 카레시상)

13-4-4 퀴즈

1) 다음 (　)에 공통으로 들어갈 수 있는 것은?
　(　)うん運웅 , (　)あん安앙
① め(目 메)
② ひと(人 히토)
③ ふ(不 후)
④ ご(御 고)

2) 다음 중 これから(코레카라)의 의미가 아닌 것은?
① 이것부터
② 지금부터
③ 앞으로
④ 여기부터

제14주차 Dr. White
닥터 화이트

14-1 학습목표

1) 단정표현 ~である(데아루) vs だ(다)

であります(데아리마스) です (데스)

かっきてきなしんだんたいせいである(画期的な診断体制である 캇키테키나신단타이세-데아루)。

ぜろではありますが(zeroではありますが 제로데와 아리마스가)。

2) 동사 정중표현 ます(마스)

- ~[u]형 동사 **~[i]ます(마스)** **~[i]ません(마셍)**

わかる(分かる와카루) わかります(分かります와카리마스) わかりません(分かりません와카리마셍)

いる(要る이루) いります(要ります이리마스) いりません(要りません 이리마셍)

しる(知る시루) しります(知ります시리마스) しりません(知りません 시리마셍)

- ~[i/e]る형 동사 ~[i/e] る +ます(마스) **~[i/e] る +ません(마셍)**

たべる(食べる타베루) たべます(食べます타베마스) たべません(食べません타베마셍)

- する(수루) **します(시마스)** **しません(시마셍)**

- くる(来る 쿠루) **きます(키마스)** **きません(키마셍)**

3) 확인표현 ~じゃん(쟝), じゃない(쟈나이),

よーぐると、あるじゃん(yoghurtあるじゃん 요-구루토 아루쟝)。

みのあるぎろんができたんじゃないですか(実のある議論ができたんじゃないですか 미노

아루 기론가 데키탄쟈나이데스카)。

4) 나열/접속 표현	**~て(테)** vs	**し(시)**
- ~[u]	~~~[u]~~ + **って(ㅅ테)**	무변형 + **し(시)**
おこなう(行う 오코나우)	おこなって(行って 오코낫테)	おこなうし(오코나우시)
かう(買う 카우)	かって(買って 캇테)	かうし(카우시)
- ~[i/e]る	**~[i/e] ~~る~~ + て(테)**	
わかれる(別れる와카레루)	わかれて(別れて 와카레테)	わかれるし(와카루시)
しめる(閉める시메루)	しめて(閉めて 시메테)	しめるし(시메루시)
みる見る 미루)	みて(見て 미테)	みるし(미루시)
- する(수루)	**して(시테)**	
きょうゆうする(共有する쿄-유-수루)	きょうゆうして(쿄-유-시테)	するし(수루시)
- くる(来る 쿠루)	**きて(来て 키테)**	くるし(쿠루시)

5) 진행상황 표현	**~ていく/くる (~테 이쿠/쿠루)**
- **~て(테)**	**~ていく/いきます(て行く/行きます 테이쿠/이키마스)**
おこなって(行って오코낫테)	おこなっていく/いきます(오코낫테 이쿠/이키마스)
きょうゆうして(共有して쿄-유-시테)	きょうゆうしていく/いきます(쿄-유-시테 이쿠/이키마스)
- **~て(테)**	**~てくる/きます(て来る/来ます 테쿠루/키마스)**
おこなって(行って오코낫테)	おこなってくる/きます(오코낫테 쿠루/키마스)
きょうゆうして(共有して쿄-유-시테)	きょうゆうしてくる/きます(쿄-유-시테 쿠루/키마스)

6) 동사 겸양 표현

- 공식화

a. **お+ ます형+します**

おねがいします(お願いします 오네가이 시마스)。

おはなしします(お話しします 오하나시 시마스)。

b. **~させて(사세테)+いただきます/いただけますか(이타다키마스/이타다케마스카)**

きょうりょくさせていただきます/いただけますか(協力させていだだきます/いただけますか 쿄-료쿠 사세테 이타다키마스/이타다케마스카)

- 개별화

する します　→	いたす(致す) いたします(致します)
수루 시마스	이타수　이타시마스
おねがい**する**(お願いする오네가이수루)	おねがい**いたす**(お願い致す오네가이이타수)
おねがい**します**(오네가이시마스)	おねがい**いたします**(오네가이 이타시마스)

7) 사역 표현

- ～[u]	～[a] + **せる(세루)**
はなす(話す 하나수)	はなさせる(話させる 하나사세루)
- ～[i/e]る	～[i/e] ~~る~~ + **させる(사세루)**
みる(見る 미루)	みさせる(見させる 미사세루)
- する(수루)	させる(사세루)
きょうゆうする(共有する쿄-유-수루)	きょうゆうさせる(共有させる쿄-유-사세루)
きょうりょくする(協力する쿄-료쿠-수루)	きょうりょくさせる(協力させる쿄-료쿠사세루)

8) 복합동사: 동사 + 동사 **ます형+동사**

- ～[u]	～[i] + **동사**
なる(나루)+うる(得る우루)	なりうる(나리우루)
はなす(話す하나수)+あう(合う아우)	はなしあう(話し合う 하나시아우)
- ～[i/e]る	～[i/e] ~~る~~ + **동사**
よせる(寄せる요세루)+あう(合う아우)	よせあう(寄せ合う 요세아우)
うける(受ける우케루)+もつ(持つ모츠)	うけもつ(受け持つ 우케모츠)

9) 희망표현

- ～[u]	～ [i] + **たい(타이)**
はたらく(働く 하타라쿠	はたら<u>き</u>たい(働きたい 하타라키타이)
つかむ(掴む 츠카무)	つかみたい(掴みたい 츠카미타이)
- ～[i/e]る	～[i/e ~~る~~ + **たい(타이)**
とうじる(投じる 도-지루)	とうじたい(投じたい 토-지타이)

みる(見る 미루)	みたい(見たい 미타이)[101]
- する(수루)	**したい(시타이)**
- くる(来る 쿠루)	**きたい(키타이)**

10) 가능표현

を(오)	**が(가)**
- ～[u]	**～[e] + る(루)**
かく(書く 카쿠)	かける(書ける 카게루)
いただく(頂く 이타다쿠)	いただける(頂ける 이타다케루)
- ～[i/e]る	**～[i/e] ~~る~~ + られる(라레루)**[102]
たべる(食べる 타베루)	たべられる(食べられる 타베라레루)
- する(수루)	できる(出来る 데키루)
きたいする(期待する 키타이수루)	きたいできる(期待できる 키타이데키루)

11) ~ い(이) 형용사

- 반말 かわいい(可愛い 카와이-)
- 존대말 かわいい**です/でしょう**(可愛いです/でしょう 카와이-데스/데쇼-)

- 부사화 ~い + 명사	→	~~~い~~ **く(쿠)** + 동사
かわい**い**ひと(可愛い人 카와이-히토)	→	かわいくなる(可愛くなる 카와이쿠나루)
- 부정 ~い	→	~~~い~~ **く(쿠) + ない(나이)**
かわい**い**(可愛い 카와이-)	→	かわい**くない**(카와이쿠나이)

12) 조사

- から(카라) : 출발점 ほんじつから(本日から 혼지츠카라)
- ので(노데) : 이유

  きょうゆうしていきますので(共有していきますので 쿄-유시테 이키마스노데)。
- へ(에) : 방향 どちらへ(도치라에)

---

101 추측/전언 표현 '～みたい(미타이)'와 구분 필요

102 5과의 수동표현의 경우와 동일하다, 즉 ～[i/e]る형 동사의 경우는 ～[i/e]られる(라레루) 표현이 가능, 수동, 자발, 존경의 4가지 의미로 사용될 수 있다.

- の(노) : が(가)와 유사

みのあるぎろんができた(実のある議論ができた 미노아루 기론가 데키타)。

13) 종조사

- かな(카나): か(의문)+ な(확인)

きおく、あるんじゃないかな(記憶、あるんじゃないかな 키오쿠 아룬쟈나이카나)。

- かな(카나) : 혼잣말(확신부족시) 상대有(부드러운 질문)

だいじょうぶかな(大丈夫かな 다이죠-부카나)。

なにをはなしているのかな(何を話しているのかな나니오하나시테이루노카나)。

14) 퀴즈

A. 다음 중 ( )에 공통으로 들어갈 수 있는 것은?

だいじょうぶ( ) [大丈夫( ) 다이죠-부( )]

あるんじゃない( )[아룬쟈나이( )]。

① かな(카나)

② で(데)

③ へ(에)

④ は(와)

B. CDTにきょうりょくさせていただけますか(CDTに協力させていただけますか CDT니 쿄-료쿠 사세테 이타다케마스카)의 의미는?

① CDT에게 부디 협력해 주십시오.

② CDT에게 협력해 주시면 좋겠습니다.

③ CDT에게 협력할 수 있게 (허락)해 주시겠습니까?

④ CDT에게 협력해 주실 수 있으시겠습니까?

14-2 드라마소개

제목 Dr. White 닥터 화이트

제작회사 Fuji TV

등장인물 雪村白夜 (ゆきむら びゃくや 유키무라 뱌쿠야) : 공원에서 새벽 발견, 기억상실, 의학지식 최상, 일반상식 부족

狩岡将貴 (かりおか まさき 카리오카 마사키) : 신문기자(의료 저널리스트)

高森麻里亜 (たかもり まりあ 타카모리 마리아) : 종합진단협의팀(CDT)의 리더

西島耕助 (にしじま こうすけ 니시지마 코-수케) : 정신과의사, CDT멤버, 의사가 운거부

仙道直樹 (せんどう なおき 센도-나오키): 뇌신경외과의사, CDT 멤버

佐久間新平 (さくま しんぺい 사쿠마 심삐-): 연수의, CDT의 멤버, 파란 옷

14-3 드라마소개 I

14-3-1 어휘

- じせだい(次世代 지세다이)
- いりょう(医療 이료-)
- げんば(現場 겐바)
- なりうる(成り得る 나리우루) ← なる(成る나루) + うる(得る 우루)
- かっきてきな(画期的な 캇키테키나)
- しんだん(診断 신당)
- たいせい(体制 타이세-)
- 〜である(데아루)
- じゅうらいがた(従来型 쥬-라이가타) ← じゅうらい(従来쥬-라이) + かた(型카타)
- たて(縦 타테)
- わり(割り 와리) ← わる(割る와루)
- たてわり(縦割り 타테와리)
- とくてい(特定 토쿠테-)
- こんなん**な**(困難な 콘난나)
- びょうき(病気 뵤-키)
- 〜なら(나라)
- せいかく**な**(正確な 세-키쿠나)
- しんだん(診断 신당)
- きたい(期待 키타이)
- きたいできる(期待できる 키타이데키루) ← きたいする(期待する키타이수루)
- ほんとう(本当 혼토-)
- なにか(何か 나니카)
- きおく(記憶 키오쿠)
- ある(아루)
- なにもの(何者 나니모노)
- はら(腹 하라) vs おなか(お腹오나카)
- へった(減った 헷타) ← へる(減る헤루)

- ほんじつ(本日 혼지츠) vs きょう(今日 쿄-)
- ていれい(定例 테-레-)
- おこなう(行う 오코나우) vs いく(行く 이쿠)
- こんご(今後 콘고)
- かんじゃ(患者 칸쟈)
- 〜について(니츠이테)
- じょうほう(情報 죠-호-)
- すべて(全て 수베테)
- きょうゆうする(共有する 쿄-유-수루)
- ぜんいん(全員 젱잉)
- さんか(参加 산카)
- かく(各 카쿠)
- ぶもん(部門 부몽)
- ちけん(知見 지켕)
- よせあう(寄せ合う 요세아우) ← よせる(寄せる요세루) + あう(合う아우)
- かくてい(確定 카쿠테-)
- かくていさせる(確定させる 카쿠테사세루) ← かくていする(確定する카쿠테-수루)
- ひび(日々 히비)
- はなしあい(話し合い 하나시아이) ← はなしあう(話し合う하나시아우)
- とくべつ(特別 토쿠베츠)
- 〜べく(베쿠)
- うけもっている(受け持っている 우케못테이루) ← うけもつ(受け持つ 우케모츠)
- ふえない(増えない 후에나이) ← ふえる(増える후에루)
- じゅよう(需要 쥬요-)
- ない(無い 나이)
- せつ(説 세츠)
- いっぴょう(一票 잇뾰-)
- とうじる(投じる 토-지루)[103]

---

103 とうじる(投じる토-지루)는 주로 관용적이며 추상적인 의미로 사용되며, なげる(投げる나게루)는 그러한 제한이 없다.
예) いっせきをとうじる(一石を投じる 잇세키오 토-지루): 문제제기를 하다. 논의의 계기를 제공하다.
いしをなげる(石を投げる이시오 나게루): 돌을 던지다.

- とうじたい(投じたい 토-지타이)
- まるなげする(丸投げする 마루나게수루)
- まるなげしたい(丸投げしたい 마루나게 시타이)
- いしゃ(医者 이샤)
- どちら(도치라)
- ひま(暇 히마)
- ひとつ(一つ 히토츠)
- ぎだい(議題 기다이)
- ていあん(提案 테-앙)
- よろしい(宜しい 요로시-) vs よい/いい(良い 요이/이-)
- こーひー(coffee 코-히-)[104]
- めーかー(maker 메-카-)
- せっちする(設置する 셋치수루)
- いかが(이카가) vs どう(도-)
- しつもん(質問 시츠몽)
- きかい(機械 키카이)
- いる(要る 이루) vs いる(居る 이루)
- こうちゃは(紅茶派 코-챠하)
- かた(方 카타)
- ほうち(放置 호-치)
- こっそり(콧소리)[105]
- みのある(実のある 미노아루)
- しょかい(初回 쇼카이)
- ぜひ(是非 제히)

---

104 네덜란드어 koffie(こーふぃー)에서 유래되었다고 한다.

105 こっそり(콧소리: 몰래) vs ごっそり(곳소리: 모두, 몽땅)

14-3-2 문형

- このちーむなら、せいかくなしんだんがきたいできる(このteamなら、正確な診断が期待できる 코노 치-무나라 세-카쿠나 신단가 키타이데키루)。
- ほんとうはなにかきおく、あるんじゃないかな(本当は何か記憶、あるんじゃないかな 혼토-와 나니카 키오쿠 아룬쟈나이카나)。
- わかりません(分かりません 와카리마셍)
- きみはなにものなんだ(君は何者なんだ 키미와 나니모노난다)。
- はら、へった(腹、減った 하라 헷타)。
- ほんじつから、CDT[106]のていれいかんふぁれんすをおこなっていきます。(本日から、CDTの定例conferenceを行っていきます 혼지츠카라 CDT노 테-레- 칸화렌스오 오코낫테이키마스)。
- こんご、かんじゃについてのじょうほうはすべて、きょうゆうしていきますので(今後、患者についての情報は全て、共有していきますので 콘고, 칸쟈니 츠이테노 죠-호-와 수베테 쿄-유시테 이키마스노데)、
- ぜんいんさんかで、おねがいします(全員参加で、お願いします 젱인산카데 오네가이시마스)。
- かくぶもんのぷろふぇっしょなるがちけんをよせあい(各部門のprofessionalが知見を寄せ合い 카쿠부몬노 뿌로훼쇼나루가 치켕오 요세아이)、
- うけもっているかんじゃについてはげんざいぜろではありますが(受け持っている患者については現在zeroではありますが 우케못테이루 칸쟈니츠이테와 겐자이 제로데와 아리마스가)、
- なんで、しごとふえないんだろう(なんで、仕事増えないんだろう 난데 시고토 후에나잉다로-)。
- ただ、じゅようがないせつにいっぴょうとうじたいね(ただ、需要が無い説に一票投じたいね 타다 쥬요-가 나이 세츠니 잇뾰- 토-지타이네)。
- しんだんをまるなげしたいいしゃなどいない(診断を丸投げしたい医者などいない 신당오 마루나게시타이 이샤나도 이나이)。
- ひとつぎだいをていあんしてもよろしいですか(一つ議題を提案してもよろしいですか 히토츠 기다이오 테-안시테모 요로시-데스카)。

---

106 Comprehensive Diagnosis Team(종합진단팀)의 약자

- このCDTるーむにこーひーめーかーをせっちするのはいかがでしょうか(このCDT roomに coffee makerを設置するのはいかがでしょうか 코노 CDT루-무니 코-히-메-카오 셋치수루노와 이카가데쇼-카)。
- いりません(要りません 이리마셍)。
- こっそりもってきてください(こっそり持って来てください 콧소리 못테키테 쿠다사이)。
- だいじょうぶかな(大丈夫かな 다이죠-부카나)。
- みのあるぎろんができたんじゃないですか(実のある議論ができたんじゃないですか 미노아루 기론가 데키탄쟈나이데스카)。
- しょかいみーてぃんぐではこーひーめーかーせっちのぜひについて(初回meetingではcoffee maker設置の是非について 쇼카이 미-팅그데와 코-히-메-카- 셋치노 제히니츠이테)。

14-3-3 일본문화

일본 주택: かりおか(狩岡 카리오카)의 집 문패 "狩岡"만

せんせい(先生센세-) 호칭: 선생님, 의사, 정치가 등에 한정적
せんどうせんせい(仙道先生 센도 센세-)

14-3-4 퀴즈

1) 다음 중 する(수루)의 가능표현은?

① させる(사세루)

② できる(데키루)

③ している(시테이루)

④ しない(시나이)

2) 다음 중 とうじる(投じる 토-지루)의 희망표현은?

① とうじます(投じます 토-지마스)

② とうじない(投じない 토-지나이)

③ とうじたい(投じたい 토-지타이)

④ とうじて(投じて 토-지테)

14-3 드라마소개

14-4-1 어휘

- みっちゃく(密着 밋챠쿠)
- きじ(記事 키지)
- こんげつごう(今月号 콘게츠고-)
- のせる(載せる 노세루)
- ひょうばん(評判 효-방)
- れんさい(連載 렌사이)
- なりうる(成りうる 나리우루) ← なる(成る나루) + うる(得る우루)
- あさって(明後日 아삿테)
- しめきり(締め切り 시메키리) ← しめきる(締め切る 시메키루)
- かける(書ける 카케루) ← かく(書く 카쿠)
- しる(知る 시루)
- どうして(도-시테)
- だから(다카라)
- かわいい(可愛い 카와이-)
- わかる(分かる 와카루) vs しる(知る 시루)
- むし(虫 무시)
- だんごむし(団子虫 단고무시)
- め(目 메)
- ぱっちり(빳치리)
- ふわふわな(후와후와나)
- もの(物 모노)
- いう(言う 이우)
- かっこういい(格好いい 캇코-이-)
- よんで(読んで 욘데) ← よむ(読む요무)
- べんきょうする(勉強する 벤쿄-수루)
- べんきょうしな(勉強しな 벤쿄-시나) ← べんきょうしなさい(勉強しなさい벤쿄-시나사이)
- さいきん(最近 사이킹)

- こどもたち(子供達 코도모타치) ← こども(子供 코도모) + たち(達 타치)
- おそわる(教わる 오소와루)
- 〜みたい(미타이)
- なるほど(나루호도)
- げんこう(原稿 겐코-)
- なおし(直し 나오시) ← なおす(直す나오수)
- だいじょうぶ(大丈夫 다이죠-부)
- きのう(昨日 키노-)
- こうえん(公園 코-엥)
- とうぶ(頭部 토-부)
- きんきゅう(緊急 킨큐-)
- はんそう(搬送 한소-)[107]
- かんじゃ(患者 칸쟈)
- けっか(結果 켓카)
- のう(脳 노-)
- いじょう(異常 이죠-)
- きょう(今日 쿄-)
- たいいん(退院 타이잉)
- よてい(予定 요테-)
- かれ(彼 카레)
- しんだん(診断 신당)
- きょうりょくさせる(協力させる 쿄-료쿠사세루) ← きょうりょくする(協力する 쿄-료쿠수루)
- ひま(暇 히마)
- はず(筈 하즈)
- せいしきな(正式な 세-시키나)
- あんけん(案件 안켕)
- きょうぎ(協議 쿄-기)
- とつぜん(突然 토츠젱)

---

107 はんそう(搬送한소-)는 한국어의 경우 '화물 따위를 옮겨 보냄'이라는 사전적 정의처럼, 주로 물건을 운반할 때 사용되는 용어이지만, 일본어에서는 한자의 뜻 그대로 '교통수단 등을 이용해서 운반하다'를 의미하기 때문에 물건에만 국한되는 것이 아니라 사람의 경우에도 해당된다.

- たおれる(倒れる 타오레루)
- ～べきだ(베키다)
- ～かぎり(限り 카기리) ← かぎる(限る카기루)
- ない(無い 나이) → なし(無し 나시)
- がいしょう(外傷 가이쇼-)
- めだつ(目立つ 메다츠)
- のうげか(脳外科 노-게카)
- ぷろふぇっしょなる(professional 뿌로훼쇼나루)

14-4-2 문형

- おまえがやるみっちゃくきじ、こんげつごうにのせるから(お前がやる密着記事、今月号に載せるから 오마에가 야루 밋챠쿠키지 콘게츠고-니 노세루카라)。
- ひょうばんよければ、れんさいになりうるから(評判良ければ、連載になりうるから 효-방요케레바 렌사이니 나리우루카라)。
- なに、かけるんだ(何、書けるんだ 나니 카케룬다)。
- にしじませんせい、びゃくや、しりませんか(西島先生、白夜、知りませんか 니시지마센세- 뱌구야 시리마센카)。
- いや、みてないけど(いや、見てないけど 이야 미테나이케도)。
- だから、どうしてわからないの(다카라 도-시테 와카라나이노)。
- これは、かわいいでしょう(これは、可愛いでしょう 코레와 카와이-데쇼-)。↗
- これも、かわいいでしょう(これも、可愛いでしょう 코레모 카와이-데쇼-)。↗
- かわいくないでしょう(可愛くないでしょう 카와이쿠 나이데쇼-)。↘
- かわいいというのは、こういうめがぱっちりしてて、ふわふわなものをいうの(可愛いというのは、こういう目がぱっちりしてて、ふわふわな物をいうの 카와이-토이우노와 코-이우메가 빳치리시테테 후와후와나 모노오 이우노)。
- なにをはなしているの<u>かな</u>(何を話しているのかな 나니오하나시테이루노카나)。
- にしじませんせいはかわいいですか(西島先生は可愛いですか 니시지마센세-와 카와이-데스카)。
- かわいいわけ、ないでしょ(可愛い訳、ないでしょ 카와이-와케 나이데쇼)。

- ぜんぜん、わかってない(全然、分かってない 젠젠 와캇테나이)。
- ろぼっとはかっこういい(robotは格好いい 로봇토와 캇코-이-)。
- これ、よんで、べんきょうしな(これ、読んで、勉強しな 코레 욘데 벤쿄-시나)。
- さいきん、よくああやってこどもたちからおそわってるみたい(最近、よくああやって子供たちから教わってるみたい 사이킹 요쿠 아-얏테 코도모타치카라 오소왓테루 미타이)。
- げんこうなおしですか(原稿直しですか 겐코-나오시데스카)。
- CTをとったけっか、のうのいじょうはみられず、きょう、たいいんよていだったんです(CTをとった結果、脳の異常は見られず、今日、退院予定だったんです CT오 톳타켓카 노-노이죠-와 미라레즈 쿄- 타이잉요테- 닷탄데스)。
- かれのしんだん、CDTにきょうりょくさせていただけませんか(彼の診断、CDTに協力させていただけませんか 카레노 신당, CDT니 쿄-료쿠 사세테 이타다케마센카)。[108]
- ひまじゃないといったはずですがね(暇じゃないと言ったはずですがね 히마쟈나이토 잇타 하즈데스가네)。
- せいしきなCDTあんけんですから(正式なCDT案件ですから세-시키나 CDT안켄데스카라)。
- では、きょうぎをはじめます(では、協議を始めます 데와 쿄-기오 하지메마스)。
- とつぜん、たおれたとなると、やはりのうになにかあるとかんがえるべきですかね(突然、倒れたとなると、やはり脳に何かあると考えるべきですかね。토츠젱 타오레타토 나루토 야하리 노-니 나니카아루토 칸가에루 베키데스카네)。
- CTをみるかぎり、いじょうはないし、がいしょうもめだつものはなし(CTを見る限り、異常は無いし、外傷も目立つ物は無し CT오 미루카기리 이죠-와 나이시 가이쇼-모 메다츠 모노와 나시)。
- せんどうせんせいはのうげかのぷろふぇっしょなるなんです(仙道先生は脳外科のprofessionalなんです센도-센세-와 노-게카노뿌로훼쇼나루난데스)。

---

108 協力させてもらう(쿄-료쿠사세테 모라우) → 協力させていただく(쿄-료쿠 사세테 이타다쿠) → 協力させていただける(쿄-료쿠사세테 이타다케루)

14-4-3 일본문화

くん(君쿵) : ゆうまくん(유-마 쿵) ← おかもと ゆうま(오카모토 유-마)
おかもとくん(오카모토 쿵)

14-4-4 퀴즈

1) 다음 중 かわいいわけ、ないでしょ(可愛い訳、ないでしょ 카와이-와케 나이데쇼)의 가장 자연스러운 뜻은?

① 귀여울 리가 없죠.

② 귀여운 구석은 없습니다.

③ 귀여운 녀석은 아니죠.

④ 귀여운 척하지 않죠.

2) 다음 중 にしじませんせい、びゃくや、しりませんか(西島先生、白夜、知りませんか 니시지마센세- 뱌구야 시리마센카)의 의미와 가장 관련 적은 것은?

① 니시지마 선생님, 뱌쿠야 어디 있는지 몰라요?

② 니시지마 선생님, 뱌쿠야 못 보았습니까?

③ 니시지마 선생님, 뱌쿠야 어디 있나요?

④ 니시지마 선생님, 뱌쿠야와 초면이시죠?

제15주차 복습

15-1 9주차

みなさん、ようこそ、すたーまりっじのであいのぱーてぃーへ！(皆さん、ようこそ、star marriageの出会いのpartyへ 미나상 요-코소 스타- 마릿지노 빠-티-에)!. 여러분 환영합니다. 스타 메리지의 만남의 파티에 오신 것을!
まずは、にふんかんのあぴーるたいむです(まずは、二分間のappeal timeです 마즈와 니훈칸노 아삐-루 타이무데스)。우선 2분간 어필 타임입니다.
にふんかん**お**はなしください(二分間お話しください 니훈칸 오하나시 쿠다사이)。2분간 말씀나누세요.
だんせいはひとつせきをいどうします(男性は一つ席を移動します 단세-와 히토츠 세키오 이도-시마스)。남성은 자리를 하나씩 이동합니다.
それではみなさん、せきに**お**つきください(それではみなさん、席にお着きください 소레데와 미나상 세키니 오츠키쿠다사이)。그럼 여러분 자리에 앉아주세요.
すみません、おくれました(すみません、遅れました 수미마셍, 오쿠레마시타)。미안합니다, 늦었습니다.
ごさんかのかたですか(御参加の方ですか 고산카노 카타데스카)。참가하시는 분이십니까?
はじめてなもので(初めてなもので 하지메테나 모노데) 처음이라서
さくらださんこそ、きこんしゃがなんでここにいるんですか(桜田さんこそ、既婚者がなんでここにいるんですか 사쿠라다상코소, 키콘샤가 난데 코코니 이룬데수카)。사쿠라다씨야 말로 기혼자가 왜 여기에 있어요?

どうかなさいました(도-카 나사이마시타)。 vs どうかしました(도-카시마시타)。
어찌된 일이십니까? 어찌된 일입니까?
なんでもありません(난데모 아리마셍)。 아무 일도 아닙니다.

おとうさん、**お**かわり(お父さん、**お**代わり 오토-상, 오카와리) 아버님, 한 잔 더
どうだった、はじめてのこんかつは(どうだった、初めての婚活は
도-닷타, 하지메테노 콘카츠하)? 어땠어. 처음 해본 결혼준비활동?
くび、よこにふったときのかおだ(首、横に振った時の顔だ쿠비, 요코니 훗타토키노 카오다)。고개 옆을 젓던 때 얼굴이네.
あんまりいいかんじではないよね(あんまり良い感じではないよね 암마리이-칸지데와나이요네)。별로 좋은 느낌은 아니지.
ほんとうにけっこんしたいとおもってる(本当に結婚したいと思ってる 혼토-니 켓콘시타이토 오못테루)。↗ 정말 결혼하고 싶다고 생각하고 있어?
なんぷんだろうがたとえなんびょうだろうが(何分だろうがたとえ何秒だろうが 남뿡다로-가 타토에 난뵤-다로-가) 몇 분이든 비록 몇 초이든
なにかをつかもうとどりょくするの(何かを掴もうと努力するの 나니카오 츠카모-토 도료쿠수루노) 무엇인가를 잡으려고 노력하지.
づぎからづぎへ(次から次へ 츠기카라 츠기에) 계속해서
はたからみる(傍から見る 하타카라 미루) 타인 입장에 본다(객관적으로 본다).
あのね、くに、けっこんってわるくないよ(あのね、邦、結婚って悪くないよ 아노네, 쿠니, 켓콘ㅅ테 와루쿠나이요)。있잖아 쿠니, 결혼이란 나쁘지 않아.
だから、しんけんにもなるしどんよくにもなってあたりまえだとおもうんだよね(だから、真剣にもなるし貪欲にもなって当り前だと思うんだよね 다카라, 신켄니모 나루시 돈요쿠니모 낫테 아타리마에다토 오모운다요네)。그러니까 진지해지기도 하고 탐욕스럽게도 되는 것이 당연한 일이라 생각되.
それをはずかしいとおもっているひとはたしかにいて(それを恥ずかしいと思っている人は確かにいて 소레오 하즈카시-토오못테이루 히토와 타시카니 이테) 그것을 부끄럽다고 생각하는 사람은 분명히 있지.
そういうひとたちのために(そういう人たちの為に 소-이우히토타치노 타메니) 그런 사람들을 위해서
わたしは、ああいうばしょをていきょうしたいとおもったのね(私は、ああいう場所を提

供したいと思ったのね 와타시와, 아-이우 바쇼오 테-쿄-시타이토 오못타노네)。나는 그런 장소를 제공하고자 했던 것이지.

いきているいじょう、しあわせになることにおくびょうになってほしくない(生きている以上、幸せになることに臆病になってほしくない 이키테이루 이죠-, 시아와세니나루코토니 오쿠뵤-니 낫테호시쿠나이)。살고 있는 이상, 행복하게 되는 일에 뒤로 주저하지(소극적이지) 않았으면 좋겠어.

わたしはわかれちゃったけどね(私は別れちゃったけどね 와타시와 와카레찻타케도네)。나는 헤어져버렸지만.

15-2 10주차

げんかんには、えとのおきもの(玄関には、干支の置物 겐칸니와 에토노 오키모노)、현관에는 태어난 띠를 상징하는 장식품

べーじゅのはながらのげんかんまっとにかんようしょくぶつ(beigeの花柄の玄関matに観葉植物 베-쥬노 하나가라노 겐칸맛토니 캉요-쇼쿠부츠)。베이지색 꽃무늬 현관 매트에 관엽식물.

ふうすいてきなかんてんからみれば(風水的な観点から見れば 후-수이테키나 칸텐카라 미레바)、풍수적 관점에서 본다면

かんぺきともいえるこのへやに(完璧とも言えるこの部屋に 캄뻬키토모 이에루 코노 헤야니) 완벽하다면 할 수 있는 이 방에

かのじょ、ふくらさちは、くらしています(彼女、福良幸は暮しています

카노죠, 후쿠라 사치와 쿠라시테이마스)。그녀 후쿠라 사치는 생활하고 있습니다.

きょうのほしうらない、だいいちいは(今日の星占い、第一位は 쿄-노 호시우라나이 다이이치이와) 오늘 별점 1위는

やぎざのあなた(山羊座のあなた 야기자노 아나타)。염소좌인 당신

いちいでこれです(一位で、これです 이치이데 코레데스)。1위가 이 정도입니다.

こげてあればこげてあるほどよし(焦げてあれば焦げてあるほど良し 코게테아레바 코게테아루호도 요시)。(까맣게) 타면 탈수록 좋음.

でも、こげてるものって、なんなんですかね(でも、焦げてる物って、何なんですかね

데모 코게테루모놋테 난난데스카네)。그치만 탄 물건이란 어떤 것인가요?

つぎはおてんきのこーなーです(次はお天気のcornerです 츠기와 오텐키노 코-나-데스)。다음은 날씨 코너입니다.

いぶすきさんって(指宿さんって 이부스키상ㅅ테) 이부스키상 이란

ぷろのうらないしになろうとおもいませんか(proの占い師になろうと思いませんか

쁘로노 우라나이시니 나로-토 오모이마센카)。프로 점술가라 되려고 생각하지는 않았어요?

なんでもたいへんだろ(なんでも大変だろ 난데모 타이헨다로)。↗ 뭐든지 힘들잖아?

ついてないやつら(ついてない奴等 츠이테나이 야츠라) 운 없는 녀석들

やめてください(止めてください 야메테 쿠다사이)。그만두세요.

「ほんじつよりむきげんきゅうしいたします(本日より無期限休止致します 혼지츠요리 무키겐 큐-시 이타시마스)」。오늘부터 무기한 휴업합니다.

ちょっとまってください(ちょっと待ってください 촛토 맛테 쿠다사이)。좀 기다려 주세요.
どういうことですか(도-이우코토데스카)。무슨 일입니까?
あのときははなしのはずみで(あの時は話の弾みで 아노토키와 하나시노 하즈미데)
이야기하다 보니 무심결에
あなたは、かいしゃのこようとかけいやくのはなしをはずみでするひとなんですか
(あなたは、会社の雇用とか契約の話を弾みでする人なんですか 아나타와 카이샤노 코요토카 케-야쿠노하나시오 하즈미데 수루 히토난데스카)。당신은 회사의 고용이나 계약 관련 이야기를 이야기하다 무심결에 하는 사람입니까?
ちゅうとでもさいようできるかもって(中途でも採用できるかもって 츄-토데모 사이요데키루카못테)。도중에라도 채용할 수 있을지도 모르겠다고 했죠.
のみのばでのはなし、ほんきにしないでもらえますか(飲みの場での話、本気にしないでもらえますか 노미노바데노 하나시, 혼키니시나이데 모라에마스카)。 술집에서 한 이야기, 진심으로 받지 말아주시겠습니까?
いみ、わからない(意味、分からない 이미, 와카라나이)。의미 모르겠어.
そういうわけで、こんかい、すみません(そういう訳で、今回、すみません 소-이우와케데, 콘카이, 수미마셍)。그런 사유로 이번에 미안합니다.
しごとなんで(仕事なんで 시고토난데)、일이라서
こっちはじんせい、かかってるんです(こっちは人生、かかってるんです 콧치와 진세-카캇테룬데스)。이쪽은 인생이 걸려있어요.
さそってくださいよ(誘ってくださいよ 사솟테 쿠다사이요)。불러주세요.
きらいなかおじゃないんで(嫌いな顔じゃないんで 키라이나 카오쟈나인데)
싫은 얼굴이 아니니까.
きたよ、いつざいが(来たよ、逸材が 키타요 이츠자이가)。왔군, 최고의 인재가.

15-3 11주차

くびになる(首になる 쿠비니나루) 해고되다

ぜったいにうまくいくとおもうんだよね(絶対にうまく行くと思うんだよね 젯타이니 우마쿠 이쿠토 오모운다요네)。절대적으로 잘 진행될 것이라 생각해.

けいびいんさんがいなくなるじかんたい、いっしょでさ(警備員さんがいなくなる時間帯、一緒でさ 케-비인상가 이나쿠나루 지칸타이, 잇쇼데사)。경비원이 없어지는 시간대, 같아.

そんなにはたらきたくないの(そんなに働きたくないの 손나니 하타라키타쿠나이노？ 그렇게 일하고 싶지 않아?

しょうがないんじゃ(쇼-가나잉쟈)。어쩔 수 없잖아.

ばいとくびになっちゃった(ばいと首になっちゃった 바이토 쿠비니낫챳타)。아르바이트 짤렸어.

けっこうまえだよね(結構前だよね 켓코 마에다요네)。상당히 전이지.

おれだって(俺だって 오레닷테) 나도(내 입장에서도)

いろいろかんがえてるんだ(色々考えてるんだ 이로이로 칸가에테룬다)。

여러 가지 생각하고 있다고.

ね、たんじょうびにかってくれたくっしょんあるでしょう(ね、誕生日に買ってくれたcushionあるでしょう 네, 탄죠-비니 캇테쿠레타 쿳숑 아루데쇼-)。↗ 있잖아, 생일에 사준 쿠션 있잖아요?

やすもので、ごめんといわれたけど、ぜんぜんへいきだった(安物でごめんと言われたけど、全然、平気だった 야스모노데 고멘토 이와레타케도, 젠젠 헤-키닷타)。싼 물건이라 미안하다고 했었지만, (나는) 전혀 문제없었어.

だって、きもちがだいじだから(だって、気持ちが大事だから 닷테 키모치가 다이지다카라)。왜냐면 기분이 중요하니까.

なんのはなし(何の話 난노 하나시)？ 무슨 이야기?

ばんど、かいさんしちゃって、つらいのもしってる(band、解散しちゃって、辛いのも知ってる 반도, 카이산시챳테 추라이노모 싯테루)。밴드 해산해버려서 힘든 것 알고 있어.

でも、だから、はたらかないというのはちがうとおもう(でも、だから、働かないというのは違うと思う 데모 다카라 하타라카나이 토이우노와 치가우토 오모우)。그치만 그러니까 일하지 않는 것은 별개라고 생각해.

おれだって、きこえましたよ(俺だって、聞こえましたよ 오레닷테 키코에마시타요)。

나에게도 들렸습니다.
ふりーたーなんでしょう(후리-타-난데쇼-)。↗ 임시직이죠?
いっしょにしないで(一緒にしないで 잇쇼니 시나이데)。똑같이 취급하지마.
ぐちいってるあなたとはちがう(愚痴言ってるあなたとは違う 구치 잇테루 아나타토와 치가우)。불만만 토로하는 당신과는 달라.
げんじつとうひじゃない(現実逃避じゃない 겐지츠 토-히쟈나이)。↗ 현실도피 아냐?
ないか、そんなどきょう(無いか、そんな度胸 나이카 손나 도쿄-)。뭔가 그런 기백.
わかれたいんだろ(別れたいんだろ 와카레타인다로)。↗ 헤어지고 싶지?
わかれようぜ(別れようぜ 와카레요-제)。헤어지자.
あのこ、なんさい、げんき(あの子、何歳、元気 아노코 난사이, 겡키)。
제 몇 살? 혈기왕성하군.
(ごうとう強盜고-토-)するわけないでしょう(수루와케 나이데쇼-)。(강도) 할 리가 없지요.
するかもしれないの(수루카모시레나이노)。할런지 모르지.

ふくらさちはくじうりばではたらいています(福良幸はくじ売り場で働いています 후쿠라 사치와 쿠지우리바데 하타라이테이마스)。후쿠라 사치는 복권판매소에서 일하고 있습니다.
じりつしんけいをととのえるぱずるって、やったことあります(自律神経を整えるpuzzleって、やったことあります 지리츠신케-오 토토노엘루 빠주룻테 얏타 코토 아리마스)。↗
자율신경을 정돈하는 퍼즐, 해본 적 있어요?
つらいことでもあったのかな(辛いことでもあったのかな 츠라이 코토데모 앗타노카나)。
힘든 일이라도 있었나?
ともだちがけっこんする<u>みたい</u>です(友達が結婚するみたいです 토모다치가 켓콘수루 미타이데스)。친구가 결혼하는 것 같아요.
もうこんなじかんじゃん(もうこんな時間じゃん 모-콘나 지칸쟝)。벌써 이 시간이네
きゅうけい、いってきます(休憩、行って来ます 큐-케- 잇테키마스)。휴식, 다녀오겠습니다.
かえるだけぜんぶください(買えるだけ全部ください 카에루다케 젬부 쿠다사이)。
살 수 있는 만큼 전부 주세요.
いいから、はやくちょうだい(良いから、早く頂戴 이이카라 하야쿠 쵸다이)
괜찮니까 빨리 줘.
やめたほうがいいとおもいますよ(止めた方が良いと思います 야메타 호-가 이이토 오모이마스요)。그만두는 편이 좋을 것 같습니다.

こういうひと、だいたいあたらないので(こういう人、大体当らないので
코-이우히토 다이타이 아타라나이노데)。이런 사람, 대체로 당첨되지 않아서.
ついていないかのじょとついていないかのじょ(ついていない彼女とついていない彼女
츠이테이나이 카노죠토 츠이테 이나이 카노죠) 운이 없는 그녀와 운이 없는 그녀
ふたりがそろうとなにがおこるんでしょうか(二人が揃うと何が起るんでしょうか
후타리가 소로우토 나니가 오코룬데쇼-카)。둘이 모이면 무슨 일이 일어날까요?
もえてません(燃えてません 모에테마셍)。↗ 타고 있지 않아요?
けっこうもえてる(結構燃えてる 켓코- 모에테루)。꽤 타고 있어.
わたしじゃないよ(私じゃないよ 와타시쟈나이요)。나는 아니야.
そこにさんにんめがやってくると、なにがおこるんでしょうか(そこに三人目がやってくると、何が起るんでしょうか 소코니 산님메가 얏테쿠루토 나니가 오코룬데쇼-카)。
거기에 세 번째가 오면 무슨 일이 일어날까요?
なにがなんでも(何が何でも 나니가난데모) 어찌 되었든(어쨌든)
こううんをつかみたいそんなかのじょたちのはなし(幸運を掴みたいそんな彼女たちの話
코-웅오 츠카미타이 손나 카노죠타치노 하나시)。행운을 잡고 싶은 그런 그녀들의 이야기.
とにかくついていないかのじょたちのはなし(とにかくついていない彼女たちの話
토니카쿠 츠이테이나이 카노죠타치노 하나시)。어쨌든 운이 없는 그녀들의 이야기.

15-4 12주차

おみせ、しめてきちゃってだいじょうぶだったの(お店、閉めて来ちゃって大丈夫だったの 오미세 시메테키챳테 다이죠-부닷타노)。가게 닫아도 괜찮아?
あしたのあさいちでぎょうしゃのかたがきてくれるみたいなんで
(明日の朝一で業者の方が来てくれるみたいなんで 아시타노 아사이치데 교-샤노카타가 키테쿠레루 미타이난데) 내일 아침 일찍 업자분이 와준다는 것 같아서
ぷれはぶって、あんなにもえるのね(prefabって、あんなに燃えるのね
쁘레하븟테, 안나니 모에루노네)。조립식건물이란 저렇게 타는구나.
こげてあればこげてあるほどよし、だったはずなんですけど(焦げてあれば焦げてあるほど良し、だった筈なんですけど 코게테아레바 코게테아루 호도 요시, 닷타 하즈난데스케도)。타면 탈수록 좋음, 라고 했는데
それはこまりますね(それは困りますね 소레와 코마리마스네)。그것은 곤란하죠.
ひとにしあわせをあたえるはずのくじうりばがもえ(人に幸せを与えるはずのくじ売り場が燃え 히토니 시아와세오 아타에루 하즈노 쿠지우리바가 모에) 사람에게 행복을 가져다주기로 되어 있던 복권판매소가 불타고
あげくのはてにべんしょうか(揚げ句の果てに弁償か 아게쿠노하테니 벤쇼-카)。
마침내 결국 변상인가?
いちおくごせんまんをあてたしゅふがいた(一億五千万を当てた主婦が居た
이치오쿠 고센만오 아테타 슈후가 이타)。1억 5천만 당첨된 주부가 있었다.
それを、ひとりじめにしようとしたんだ(それを、一人占めにしようとしたんだ
소레오 히토리지메니 시요-토 시탄다)。그것을 혼자 차지하려고 한 것이야.
だんなにあたったことをだまって、りこんしようとした(旦那に当ったことを黙って、離婚しようとした 단나니 아탓타 코토오 다맛테 리콘시요-토 시타)。남편에게 당첨된 것을 속이고 이혼하려고 했다.
あとでばれてさいばんになる(後でばれて裁判になる 아토데 바레테 사이반니 나루)。
나중에 밝혀져서 재판하게 되다.
けっきょく、かのじょはしょうきんぜんがくをだんなにもっていかれた(結局、彼女は賞金全額を旦那<u>に</u>持って<u>行かれた</u> 켓쿄쿠 카노죠와 쇼-킨젠가쿠오 단나니 못테 이카레타)。
결국 그녀의 남편은 상금 전액을 가져가버렸다.
あたってから、しあわせになるなんて、かぎらない(当ってから、幸せになるなんて、限

らない 아탓테카라 시아와세니나루난테 카기라나이)。당첨되고서 행복하게 된다고는 한정지을 수 없어.
なのに、ひとはそれをかおうとする(なのに、人はそれを買おうとする 나노니 히토와 소레오 카오-토수루)。그럼에도 사람들은 그것을 사려고 한다.
わたし、こういうもんだ(私、こういうもんだ 와타시 코-이우몬다) 나, 이런 사람이야.
こまっているなら、ちからになってやる(困っているなら、力になってやる
코맛테이루나라 치카라니 낫테야루)。곤란하면(힘들면) 힘이 되어 주지.
しゅみでうらないかんていもやっているんです(趣味で占い鑑定もやっているんです
슈미데 우라나이칸테-모 얏테이룬데스)。취미로 점 감정을 하고 있어요.
こまってるんだろ(困ってるんだろ 코맛테룬 다로)。↗ 곤란한 상황이지?
そうだんにのってくれるって(相談に乗ってくれるって 소-단니 놋테 쿠레룻테)
상담해 준다고
べんごしてくれるんじゃないの(弁護してくれるんじゃないの 벤고시테 쿠레룬쟈나이노)。↗ 변호해 주는 것 아니야?
なめてもらっちゃ、こまる(なめてもらっちゃ、困る 나메테 모랏챠 코마루)
우습게 보면 곤란하지(안 되지).
きぎょうさんあいてにたかいそうだんりょうでやってるんだ(企業さん相手に高い相談料でやってるんだ 키교-상 아니테니 타카이 소-당료데 얏테룬다)。기업 상대 비싼 상담료로 일하고 있지.
べんごなんかするか(弁護なんかするか 벤고낭카 수루카)。변호 따위 하겠나(못한다)?
あんしんしろ、こっちはむりょう(安心しろ、こっちは無料 안신시로 콧치와 무료-)。
안심해, 이쪽은 무료
おれはきみたちのうんにきょうみがある(俺は君たちの運に興味がある 오레와 키미타치노 운니 교-미가 아루)。나는 당신들의 운에 흥미가 있어.
うそでしょ、がんべんして(うそでしょ↗、勘弁して 우소데쇼 칸벤시테)。
거짓말이죠, 그만 봐주세요.
なんだかんだ(何だかんだ 난다칸다) 이러니 저러니
みんな、すきだろ、うらない(皆、好きだろ、占い 민나 수키다로 우라나이)。
모두들 좋아하지? 점.

いますぐそのかれしとわかれたほうがいい(今すぐその彼氏と別れた方が良い

이마 수구 카레시토 와카레타 호-가이-)。 지금 바로 그 남자친구와 해어지는 편이 나아.
もんだいはぜんぶきみにある(問題は全部君にある 몬다이와 젬부 키미니 아루)。
문제는 모두 너에게 있다.
きみがそういうえんをひきよせてるんだ(君がそういう縁を引き寄せてるんだ
키미가 소-이우엥오 히키요세테룬다)。 너는 그런 운을 모여들게 하지.
いままでつきあってきたおとこ、ぜんぶ、だめおとこだったんじゃないか
(今まで付合って来た男、全部、駄目男だったんじゃないか 이마마데 츠키앗테키타 오토코 젬부 다메오토코 닷탄쟈나이카)。 지금까지 사귀었던 남자, 모두 보잘 것 없는 남자 아니었어?
あんたが、だめおとこにしたふしがある(あんたが、駄目男にした節がある
안타가 다메오토코니시타 후시가 아루)。 니가 보잘 것 없는 남자로 만드는 성향이 있어.
そこまでいわなくても(そこまで言わなくても 소코마데 이와나쿠테모)。
거기까지 말하지 않아도
わたし、いいです、べつに(私、良いです、別に 와타시 이-데스 베츠니)。
나는 됐어요, 딱히.
さいしゅうしょくさきも、なかなかきまらないぞ(再就職先も、なかなか決まらないぞ
사이슈-쇼쿠사키모 나카나카 키마라나이조)。 재취직처도 좀처럼 정해지지 않지.
まえのかいしゃはじぶんのいしでやめたの(前の会社は自分の意志で辞めたの
마에노 카이샤와 지분노 이시데 야메타노)。 전 회사는 내 스스로 그만뒀어.
そのあと、てんしょくかつどうもしっぱいがつづき(その後、転職活動も失敗が続き
소노 아토 텐쇼쿠카츠도-모 싯빠이가 츠즈키)、그 후 이직 활동도 실패가 계속되고
いま、じぶんがかいしゃをやめたはんだんがただしかったのかどうかふあんにかんじている(今、自分が会社を辞めた判断が正しかったのかどうか不安に感じている
이마 지분가 카이샤오 야메타 한단가 타다시캇타노카 도-카 후안니 칸지테이루)。 지금 본인이 회사를 그만 둔 판단이 옳았는지 불안하게 느끼고 있어.
じぶんをたかくみつもりすぎだ(自分を高く見積もりすぎだ 지붕오 타카쿠 미츠모리스기다)。 자신을 지나치게 높게 생각하지.
ぷらいどがじゃましているのか(prideが邪魔しているのか 쁘라이도가 쟈마시테이루노카)。 프라이드가 방해하고 있나?
このひと、けんかうってる(この人、喧嘩売ってる 코노히토 켄카 웃테루)。↗
이 사람, 싸움걸고 있어?
このままのじょうたいがつづくと、さいごは(このままの状態が続くと、最後は

코노마마노 죠-타이가 츠즈쿠토 사이고와)。이 상태가 계속되면 마지막은
めちゃくちゃに、けん、ささっているんじゃないですか(めちゃくちゃに、剣、刺さっているんじゃないですか 메챠쿠챠니 켕 사삿테룬 쟈나이데스카)。엄청나게 검, 찔러져 있잖아요?
でも、わたし、たぶんついてないですよ(でも、私、たぶんついてないですよ
데모 와타시 타붕 츠이테나이데스요)。그치만, 나, 아마도 운 없을 것입니다.
じかくあるの(自覚あるの 지카쿠 아루노)。↗ 자각 있어?
じゃ、かわる(じゃ、替わる 쟈 카와루)。 자, 교체한다.

15-5 13주차

これは、すごい(これは、凄い 코레와 수고이)。그것은 대단해.
ここまで、ついてないやつ、めったにおめにかかれない
(ここまで、ついてない奴、滅多にお目にかかれない
코코마데 츠이테나이 야츠 멧타니 오메니 카카레나이)。여기까지 운이 없는 녀석, 거의 뵐 수 없지.
おれいをするとこじゃないから(お礼をするとこじゃないから 오레-오 수루토코 쟈나이카라)。감사를 표할 일이 아니니까.
あの、くじうりばのしゅうぜんひなんですけど(あの、くじ売り場の修繕費なんですけど 아노 쿠지우리바노 슈-젠히난데스케도)。저, 복권판매소 수선비 건입니다만.
べんしょうすることになるだろうな(弁償する事になるだろうな 벤쇼-수루코토니 나루다로-나)。변상하게 되겠지.
あの、さっきから、なんなんですか、あなた(あの、先から何なんですか、あなた
아노 삿키카라 난난데수카 아나타)。저, 아까부터 뭡니까, 당신.
うらないしって、みんな、こんな感じなの(占い師って、皆、こんな感じなの
우라나이싯테 민나 콘나 칸지나노)。↗ 점술가란 모두 이런 느낌인가?
そんなわけないだろ(そんな訳無いだろ 손나 와케 나이다로)。↗ 그럴 리가 없죠.
ぜんこくのうらないしさん、てきにまわすつもりか(全国の占い師さん、敵に回すつもりか
젠코쿠노 우라나이시상 테키니 마와수 츠모리카)。전국의 점술가, 적으로 돌릴 생각인가?
これはおれのせいかく、こゆうのものだ(これは俺の性格、固有のものだ
코레와 오레노 세-카쿠, 코유-노 모노다)。이것은 내 성격, 고유한 것이야.
そうやっておこるということは、ずぼしだからか(そうやって怒るということは、図星だからか 소-얏테 오코루 토이우코토와, 즈보시다카라카)。그렇게 화낸다는 것은 적중했기 때문인가?
ずぼしじゃないです(図星じゃないです 즈보시쟈 나이데스)! 적중하지 않았어요.
たしかにこのひとのかれしはだめおだったかもしれないけど、そこいがいはまちがってる
(確かにこの人の彼氏は駄目男だったかも知れないけど、そこ以外は間違ってる 타시카니 코노 히토노 카레시와 다메오닷타 카모시레나이케도, 소코이가이와 마치 갓테루)。
확실히 이 사람의 남자 친구는 보잘 것 없는 남자였을지 모르겠지만, 그 이외는 틀렸어.
あなただって、このひとのいったとおりじゃん(あなただって、この人の言った通りじゃ

ん 아나타닷테 코노히토노 잇타 토-리쟈)。너도 이 사람이 말한 그대로잖아.
かれしがかれしならかのじょもかのじょだね(彼氏が彼氏なら彼女も彼女だね
카레시가 카레시나라 카노죠모 카노죠다네) 그 남자친구에 그 여자친구네.
たっくん、いまおかねないの(たっ君、今お金無いの 탓쿵, 이마 오카네 나이노)。
탓궁, 지금 돈이 없어.
とにかく、こんなの、わたし、しんじないから(とにかくこんなの、私、信じないから
토니카쿠 콘나노 와타시 신지나이카라)。어쨌든 이런 것, 나는 믿지 않으니까.
こういうふかくていなものをしんじるひとって(こういう不確定な物を信じる人って
코-이우 후카쿠테-나 모노오 신지루 히톳테) 이런 불확실한 것을 믿는 사람이란
じぶんにじしんがないのよ(自分に自信が無いのよ 지분니 지신가 나이노요)。
자신에게 자신이 없는 것이지.
よゆうもなさそう(余裕も無さそう 요유-모 나사소-)。 여유도 없어 보여.
よのなかそんなにかくじつなことばかりじゃない(世の中そんなに確実な事ばかりじゃない
요노나카 손나니 카쿠지츠나 코토 바카리쟈나이)。세상에 그렇게 확실한 것만 있는 것은 아니지.
かくじつなものなんてないから、みんな、くじをかうし(確実なものなんて無いから、皆、くじを買うし 카쿠지츠나 모노 난테나이카라 민나 쿠지오 카우시) 확실한 것 따위 없으니까, 모두 복권을 사고
ふあんなやつがいるから、こういうじけんもおきる(不安な奴が居るから、こういう事件も起きる 후안나 야츠가 이루카라, 코-이우 지켐모 오키루)。불안한 녀석이 있으니까, 이런 사건도 생긴다.
きょううんぎんこうって、すぐそこじゃないですか(強運銀行って、すぐそこじゃないですか 쿄-운긴코-ㅅ테, 수구 소코쟈나이데스카)。쿄운은행이란, 바로 저기 아니에요?

なかまとともにきょうりょくすれば、ひらけないみちも、いつかきっとひらけるらしい
(仲間と共に協力すれば、開けない道も、いつかきっと開けるらしい
나카마토 토모니 쿄-료쿠수레바, 히라케나이 미치모 이츠카 킷토히라케루라시-)。
동료들과 함께 협력하면 열리지 않는 길도 언젠가 반드시 열릴 것 같아.
あんたたちさんにんのことだな(あんたたち三人のことだな 안타타치 산닝노 코토다나)。
너희들 3명 모두의 일인데.
じゃ、ほかのうらない、やるかうらない、やるか(じゃ、他の占い、やるか占い、やる

か。쟈, 호카노 우라나이, 야루카 우라나이, 야루카)。자, 다른 점 볼래? 볼래?
いろいろあるぞ、たんじょうびうらないとか(色々あるぞ、誕生日占いとか
이로이로 아루조, 탄죠-비 우라나이토카)。여러 가지 있지, 생일 점 등
なにそれ、うそでしょう(何それ、嘘でしょう 나니소레 우소데쇼-)。↗ 뭐야, 거짓말이죠?
こんなこと、ある(こんな事、ある 콘나코토 아루)。↗ 이런 일 있어?
おもしろくなってきた(面白くなって来た 오모시로쿠 낫테키타)。재밌어졌다.
なきねいりしないで(泣き寝入りしないで 나키네이리 시나이데)、혼자 속 끓이지 말고
わたしなら、そうする(私なら、そうする 와타시나라 소-수루)。나라면 그렇게 해.
これ、わたし、ひいてもたぶんあたらないので(これ、私、引いても多分当らないので
코레 와타시 히이테모 타붕 아타라나이노데)。이것 나, 뽑아도 아마 당첨되지 않아서.
かれしさん、きっとごうとうなんて、してないですよ(彼氏さん、きっと強盗なんて、してないですよ 카레시상, 킷토 고-토-난테 시테나이데스요)。남자 친구분 분명히 강도 따위 하지 않을 겁니다.
かのじょたちはかいさんしました(彼女たちは解散しました 카노죠타치와 카이산시마시타)。그녀들은 해산했습니다.
それぞれに、これまでいじょうのふあんをかかえながら
(それぞれに、これまで以上の不安を抱えながら 소레조레니 코레마데 이죠-노 후앙오 카카에나가라)。각자 지금 이상의 불안을 가슴에 품고서
やはり、ここにきてよかった(やはり、ここに来て良かった 야하리 코코니 키테 요캇타)。역시 여기 와서 좋았어.
「きょうであうふうんなものたちが、あらたなきづきをもたらす(今日出会う不運な者たちが、新たな気づきをもたらす 쿄- 데아우 후운나 모노타치가 아라타나 키즈키오 모타라수)。」"오늘 만난 불운한 자들이 새로운 깨달음을 가져온다."
おれじしんをうらなったの、そうでたの(俺自身を占ったのそう出たの
오레지싱오 우라낫타노, 소-데타노)。내 자신을 점쳤어, 그렇게 나왔어.
さって、これからどうなるか(삿테, 코레카라 도-나루카)。그럼, 이제부터 어떻게 될까?

15-6 14주차

このちーむなら、せいかくなしんだんがきたいできる(このteamなら、正確な診断が期待できる 코노 치-무나라 세-카쿠나 신단가 키타이데키루)。이 팀이면 정확한 진단을 기대할 수 있다.
ほんとうはなにかきおく、あるんじゃないかな(本当は何か記憶、あるんじゃないかな 혼토-와 나니카 키오쿠 아룬쟈나이카나)。 사실은 뭔가 기억, 있지 않을까?
わかりません(分かりません 와카리마셍) 모르겠습니다.
きみはなにものなんだ(君は何者なんだ 키미와 나니모노난다)。너는 어떤 자야?
はら、へった(腹、減った 하라 헷타)。배고프다.
ほんじつから、CDTのていれいかんふぁれんすをおこなっていきます。
(本日から、CDTの定例conferenceを行っていきます 혼지츠카라 CDT노 테-레- 칸화렌스오 오코낫테이키마스)。오늘부터 CDT의 정례 회의를 하고자 합니다.
こんご、かんじゃについてのじょうほうはすべて、きょうゆうしていきますので
(今後、患者についての情報は全て、共有していきますので 콘고, 칸쟈니 츠이테노 죠-호-와 수베테 쿄-유시테 이키마스노데) 앞으로 환자에 대한 정보는 모두 공유하고자 하니까
ぜんいんさんかで、おねがいします(全員参加で、お願いします 젱인산카데 오네가이시마스)。전원 참가 부탁드립니다.
かくぶもんのぷろふぇっしょなるがちけんをよせあい(各部門のprofessionalが知見を寄せ合い 카쿠부몬노 뿌로훼쇼나루가 치켕오 요세아이) 각 부문 전문가가 지식과 의견을 모아
うけもっているかんじゃについてはげんざいぜろではありますが(受け持っている患者については現在zeroではありますが 우케못테이루 칸쟈니츠이테와 겐자이 제로데와 아리마스가) 맡고 있는 환자에 대해서는 현재 제로입니다만
なんで、しごとふえないんだろう(なんで、仕事増えないんだろう 난데 시고토 후에나잉다로-)。왜 일이 늘지 않을까?
ただ、じゅようがないせつにいっぴょうとうじたいね(ただ、需要が無い説に一票投じたいね 타다 쥬요-가 나이 세츠니 잇뾰- 토-지타이네)。다만 수요가 없다는 설에 한 표를 던지고 싶군.
しんだんをまるなげしたいいしゃなどいない(診断を丸投げしたい医者などいない 신당오 마루나게시타이 이샤나도 이나이)。진단을 완전히 포기하고 싶은 의사 따위 없어.
ひとつぎだいをていあんしてもよろしいですか(一つ議題を提案してもよろしいですか

히토츠 기다이오 테-안시테모 요로시-데스카)。한 가지 의제를 제안해도 괜찮겠습니까?
このCDTるーむにこーひーめーかーをせっちするのはいかがでしょうか(このCDT roomに coffee makerを設置するのはいかがでしょうか 코노 CDT루-무니 코-히-메-카오 셋치수루노와 이카가데쇼-카)。이 CDT룸에 커피 메이커 설치하는 것은 어떠신지요?
いりません(要りません 이리마셍)。필요 없습니다.
こっそりもってきてください(こっそり持って来てください 콧소리 못테키테 쿠다사이)。몰래 가지고 와주세요.
だいじょうぶかな(大丈夫かな 다이죠-부카나)。괜찮을까?
みのあるぎろんができたんじゃないですか(実のある議論ができたんじゃないですか 미노아루 기론가 데키탄쟈나이데스카)。결실 있는(의미 있는) 의논을 할 수 있었지 않습니까?
しょかいみーてぃんぐではこーひーめーかーせっちのぜひについて(初回meetingでは coffee maker設置の是非について 쇼카이 미-팅그데와 코-히-메-카- 셋치노 제히니츠이테)。첫회 미팅에서는 커피 메이커 설치 여부에 대해서

おまえがやるみっちゃくきじ、こんげつごうにのせるから(お前がやる密着記事、今月号に載せるから 오마에가 야루 밋챠쿠키지 콘게츠고-니 노세루카라)。자네가 하는 밀착기사, 이번 달 호에 실을 테니까.
ひょうばんよければ、れんさいになりうるから(評判良ければ、連載になりうるから 효-방요케레바 렌사이니 나리우루카라)。평판이 좋으면 연재할 수 있으니까
なに、かけるんだ(何、書けるんだ 나니 카케룬다)。뭐, 쓸 수 있겠나?
にしじませんせい、びゃくや、しりませんか(西島先生、白夜、知りませんか 니시지마센세- 뱌구야 시리마센카)。니시지마 선생님 뱌쿠야 어디 있는지 아시나요?
いや、みてないけど(いや、見てないけど 이야 미테나이케도)。아니, 못봤는데
だから、どうしてわからないの(다카라 도-시테 와카라나이노)。그러니까 왜 몰라?
これは、かわいいでしょう(これは、可愛いでしょう 코레와 카와이-데쇼-)。↗
이것은 귀엽지요?
これも、かわいいでしょう(これも、可愛いでしょう 코레모 카와이-데쇼-)。↗
이것도 귀엽지요?
かわいくないでしょう(可愛くないでしょう 카와이쿠 나이데쇼-)。↘
귀엽지 않지요.
かわいいというのは、こういうめがぱっちりしてて、ふわふわなものをいうの

(可愛いというのは、こういう目がぱっちりしてて、ふわふわな物をいうの 카와이-토이우노와 코-이우메가 빳치리시테테 후와후와나 모노오 이우노)。
귀엽다는 것은 이렇게 눈이 크고 부드러운 것을 말해요.
なにをはなしているのかな(何を話しているのかな 나니오하나시테이루노카나)。
무엇을 말하고 있나(무슨 말이지)?
にしじませんせいはかわいいですか(西島先生は可愛いですか 니시지마센세-와 카와이-데스카)。니시지마 선생님은 귀엽나요?
かわいいわけ、ないでしょ(可愛い訳、ないでしょ 카와이-와케 나이데쇼)。
귀여울 리가 없지요.
ぜんぜん、わかってない(全然、分かってない 젠젠 와캇테나이)。전혀 모르는군.
ろぼっとはかっこういい(robotは格好いい 로봇토와 캇코-이-)。로봇은 멋지다.
これ、よんで、べんきょうしな(これ、読んで、勉強しな 코레 욘데 벤쿄-시나)。
이것 읽고 공부해요.
さいきん、よくああやってこどもたちからおそわってるみたい(最近、よくああやって子供たちから教わってるみたい 사이킹 요쿠 아-얏테 코도모타치카라 오소왓테루 미타이)。최근 자주 저렇게 하며 아이들로부터 배우고 있는 것 같아.
げんこうなおしですか(原稿直しですか 겐코-나오시데스카)。원고 수정입니까?
CTをとったけっか、のうのいじょうはみられず、きょう、たいいんよていだったんです(CTをとった結果、脳の異常は見られず、今日、退院予定だったんです CT오 톳타켓카노-노이죠-와 미라레즈 쿄- 타이잉요테- 닷탄데스)。CT를 찍은 결과 뇌의 이상은 나타나지 않아 오늘 퇴원 예정이었습니다.
かれのしんだん、CDTにきょうりょくさせていただけませんか(彼の診断、CDTに協力させていただけませんか 카레노 신당, CDT니 쿄-료쿠 사세테 이타다케마센카)。그 애에 대한 진단, CDT가 협력할 수 있도록 (허락)해 주실 수 있겠습니까?
ひまじゃないといったはずですがね(暇じゃないと言ったはずですがね 히마쟈나이토 잇타하즈데스가네)。한가하지 않다고 말했을 텐데.
せいしきなCDTあんけんですから(正式なCDT案件ですから세-시키나 CDT안켄데스카라)。정식 CDT 안건이니까.
では、きょうぎをはじめます(では、協議を始めます 데와 쿄-기오 하지메마스)。
그럼 협의를 시작하겠습니다.
とつぜん、たおれたとなると、やはりのうになにかあるとかんがえるべきですかね

(突然、倒れたとなると、やはり脳に何かあると考えるべきですかね。
토츠젱 타오레타토 나루토 야하리 노-니 나니카아루토 칸가에루 베키데스카네)。
갑자기 쓰러졌다면 역시 뇌에 뭔가 있다고 생각해야 하지 않을까요?
CTをみるかぎり、いじょうはないし、がいしょうもめだつものはなし(CTを見る限り、異常は無いし、外傷も目立つ物は無し CT오 미루카기리 이죠-와 나이시 가이쇼-모 메다츠 모노와 나시)。CT만 보자면, 이상은 없고, 외상도 눈에 띄는 것은 없음.
せんどうせんせいはのうげかのぷろふぇっしょなるなんです(仙道先生は脳外科のprofessionalなんです센도-센세-와 노-게카노뿌로훼쇼나루난데스)。센도 선생님은 뇌외과 전문의입니다.